그래도 살아남아 사랑해야 한다

그래도 살아남아 사랑해야 한다

펴낸날 | 2023년 6월 30일 초판 1쇄

지은이 | 윤일현
펴낸이 | 강현국
펴낸곳 | 도서출판 시와반시

등록 | 2011년 10월 21일 등록(제25100-2011-000034호)
주소 | 대구광역시 수성구 지산로 14길 83, 101동 2408호
전화 | 053) 654-0027
전자우편 | khguk92@hanmail.net

ⓒ 윤일현, 2023

ISBN 978-89-8345-148-4 03810

* 이 책의 판권은 지은이와 도서출판 시와반시에 있으며 무단 전재를 금합니다.
* 잘못된 책은 교환해드립니다.

그래도 살아남아 사랑해야 한다

윤일현

시와반시

| 작가의 말 |

　　지난 3년 코로나19 탓도 있지만, 의도적으로 바깥 활동과는 다소 거리를 두고 살았다. 책상에 앉아 있는 시간이 많았다. 밤의 적막뿐만 아니라 대낮의 고요에도 익숙해졌다. 눈이 피곤하면 습관적으로 창밖을 바라보곤 했다.

　　6월의 뜨락에 활짝 핀 수국, 버들마편초, 수레국화, 초롱꽃, 사파이어세이지가 바람에 흔들리고 있다. 꽃들은 흔들리다가 어느 순간 잠시 정지한다. 나비는 그때를 놓치지 않고 원하는 곳에 내려앉는다. 그 단조로운 반복이 참 보기 좋다.

　　몸이 굳지 않도록 강변을 걷는다. 마음의 경직을 막기 위해 읽고 생각한다. 글쓰기는 나를 흔드는 작업이다. 고통스럽지만, 이리저리 흔들다 보면, 어느 순간 나비 한 마리 내 가슴 속에 깃드는 것을 느낀다. 읽고 쓰는 이유다.

　　위선과 허위, 몰염치와 몰상식의 시대다. 상식은 극복과 존중의 대상이다. 상식에 도전하기 위해 시를 쓰고, 상식을 조롱하는 시대와 맞서기 위해 산문을 쓴다.

2023년 6월　윤일현

| 차례 |

1부 | 문인수 시인을 심고 나서

사투리 시와 추억   11
칼과 도끼를 품고 있는 그곳   16
문인수 시인을 심고 나서   25
그래도 살아남아 사랑해야 한다   31
가슴 뭉클한 선물   38
자가 격리의 시간을 보내며   41

2부 | 묘비명 고치기

사물의 본성에 관하여   49
묘비명 고치기   53
우신예찬   57
인류의 재앙과 사랑의 마음   61
미안한 마음에 옛날을 돌아본다   65
깊어가는 이 가을에   69
고향을 다녀와서   73
『유토피아』를 다시 읽으며   77
'영끌과 티끌', '팬덤과 도그마'에 관한 단상   81
『도덕 감정론』을 다시 읽는 이유   84

성탄의 기쁨이 온 누리에 가득 하려면	88
햄릿과 돈키호테	92
예의, 염치와 배려	96
마침내 다시 오월	99
춘일서정	103

3부 | 국밥 욕보이지 마라

국밥 욕보이지 말라	109
지도자와 스토리텔링 능력	113
말의 오염과 국가 경쟁력	116
먼저 죽을 각오가 되어있는가	120
봄날의 아름다운 정원을 꿈꾸며	124
샤덴프로이데와 정의사회구현	127
위기 극복의 정치	130
공멸을 막고 발전하려면	134
통합과 포용, 협치의 정치	137
계층이동과 교육	141
비전 없는 정치, 기댈 곳 없는 국민	145
유머 감각과 소통 능력	149
'우와'에서 '와우'로	153

4부 | 옛 사람의 찌꺼기

감사의 마음과 행복	159
강약약 중강 약약	162
두 스승 이야기	165
고향 생각	168
직선과 곡선	171
생물도감을 들고 자연 속으로	174
어떻게 살 것인가	177
최고가 되려면	180
옛사람의 찌꺼기	183
시간관리	186
나비와 가을	189
겨울비를 바라보며	192
감, 대추, 무화과	194
사전 찾아보기	197
스토리텔링의 힘	200

1부

문인수 시인을 심고 나서

사투리 시와 추억

사투리는 세파에 지친 사람들이 힘겹던 시절을 아름답게 추억하면서도 마음의 안식을 얻게 되는 집단 무의식의 거처다. 카를 구스타프 융이 말하는 집단 무의식은 선천적으로 가지고 있는 원초적이고 보편적인 무의식의 심층이고, 신화적 체험의 토대이자 생활의 뿌리인 동시에 원천이다. 사투리는 이 모든 관념이 거주하는 집이다.

고향을 생각하면 마을의 정자나무, 공동 우물, 아름드리 소나무가 있는 뒷산, 강변 백사장과 긴 방죽, 여름날의 원두막, 초등학교 운동장 등과 함께 진한 사투리를 구사하는 친구가 떠오른다. 사람들은 어느 정도 삶의 기반을 잡고 나면 어린 시절 친구가 보고 싶고 열심히 살아온 내력을 내보이고 싶어 한다. 이런 이유로 시골에서는 주로 삼십 대 중반에 초등학교 동기회가 결성된다.

내가 갔던 날은 20명 정도가 모였다. 우리는 서로 이름을 부르고 악수하면서 긴 앉은뱅이 탁자에 앉았다. 여자 동기도 대여섯 명 있었다. 소란스러운 대화가 한창 오가고 있는데 맞은편 여자 동기가 큰 소리로 내 이름을 불렀다. "야 일마야, 니 내 모리겠나? 너가부지하고 우라부지 노름하는데 니하고 내하고 가치 마이 차자 댕깃자나, 그거 다 이자뿟나? 나뿐 놈아(야 이 녀석아, 너 나 모르겠나? 네 아버지와 우리 아버지 노름하는 곳에 너하고 나하고 같이 많이 찾으러 다녔잖아, 그 일을 다 잊어버렸나? 나쁜 놈아)" 특유의 억양과 사투리에 갑자기 지난날이 생생하게 떠올랐다. 매년 농한기 동지섣달이면 동네 어른들은 주막집에 죽치고 앉아 이삼일씩 밤을 새우며 '섯다'판을 벌였다. 나는 토끼 가죽 귀마개에 누나가 짜 준 털장갑을 끼고 이웃집 점태와 아버지를 부르러 가곤 했다. 그날 집에 돌아와 시를 썼다.

 해마다 겨울이 오면/ 나루터 근처 주막집으로/ 노름하는 아버지를 부르러 가는 것이/ 나의 변함없는 연례행사였다// '아부지예 어무이가 집에 오시라 캅디더'하면/ 그날 저녁은 난리가 났다// 희미한 불빛이 새어 나오는 창호지 너머/ 주모의 몸 움직임을 한참 지켜보다가/ 몇 번이고 목을 가다듬고 축인 뒤/ 큰아버지는 안 오셨지만/ '아부지예, 할무이가 큰아부지 오셨다고/ 아부지 집에 오시라 카던데예'/ 아버지는 헛기침을 몇 번 하시며/ '그래 알았으니 곧 간다캐라'

                                                                - 졸시, 「거짓말 연습」 전문

남자들이 놀고 있는데 여편네가 아이를 보내 부른다는 것은 용납할 수 없는 일이다. 큰아버지는 안 오셨지만, 할머니가 호출하는 형식으로 자존심을 세워주어야 한다. 주막집 마당에 들어가서도 아버지를 부르는 타이밍을 잘 잡아야 했다. 노름꾼들이 손 놀리는 그림자가 창호지에 다 비쳤다. 패를 돌리거나 화투장을 죄는 긴장된 순간에는 절대로 말을 하면 안 되었다. 한 판이 끝나고 다시 화투를 섞기 직전에 불러야 했다.

어머니는 문맹이었다. 문자를 통해 사투리를 교정할 기회가 없으니 대구와 친정 달성군의 사투리를 온전한 형태로 보존하였다. 9남매 막내인 나는 맞벌이여서 부모님이 돌아가실 때까지 함께 살았다. 우리 둘째는 할머니와 띠동갑으로 72년 차이가 난다. 나는 아이들에게 "할머니는 우리 집 무형문화재 1호다. 너희들은 할머니 살아계실 동안 사투리를 많이 전수받도록 하라."는 말을 자주 했다. 우리 집은 더버서(더워서), 추버서(추워서), 미버서(미워서) 같이 순경음 'ㅸ'이 완벽한 형태로 구사되고, 짐치(김치), 참지름(참기름), 질 가다가(길 가다가)와 같은 구개음화 현상도 자연스럽게 살아있었다. 지금도 객지에 사는 아이들이 한자리에 모이면 할머니의 사투리와 어투를 흉내 내며 할머니를 추억한다. 한 번은 할머니 이야기를 하는 아이들에게 영천 출신 이종문 시인의 시를 주며 읽어보라고 했다.

아우야, 니가 만약 효자가 될라 카머/ 너거무이 볼 때마다 다짜고짜 안아뿌라/ 그라고 젖 만져뿌라, 그라머 효자 된다/ 너거무이 기겁하며 화를 발칵 내실끼다/ 다 큰 기 외이카노, 미쳤나, 카실끼다/ 그래도 확 만져뿌라, 그라머 효자 된다.

— 이종문,「효자가 될라 카머 – 김선굉 시인의 말」전문

    경상도 사투리의 투박함과 그 속에 스며있는 따뜻한 정감을 동시에 느낄 수 있는 작품이다. 아이들은 박장대소했다. 조부모와 함께 생활하며 익힌 사투리 대부분을 기억하고 있을 뿐만 아니라, 지금도 저희끼리 만나 대화할 때는 사투리를 쓰고 있으니 이 시를 바로 이해하며 가슴으로 받아들였다.

    어떤 분야에서든 최초의 창조적 영감과 직관은 대개 모국어를 통해 이루어진다. 생물 다양성의 감소가 인간의 생존 기반 자체를 위협하듯이, 언어 다양성의 감소는 인류 전체의 창의성과 상상력의 빈곤 원인으로 작용할 수 있다. 옥스퍼드대학의 S. 로메인 교수는 "인간은 모국어를 사용할 때 가장 창의적으로 사고할 수 있다. 그러므로 소수민족의 언어는 보호되어야 한다. 세계 언어의 유지는 인간이 발휘할 수 있는 창의력과 문화를 보존하는 데 필요하다. 한 지역의 경제적·문화적 복리 증진의 관점에서도 언어의 다양성은 중시되어야 한다."라고 했다. 사투리도 같은 관점에서 바라봐야 한다. 지역의 독특하고 섬세

한 문화 콘텐츠는 그 지역 고유 언어를 통해서만 제대로 표현할 수 있다. 사투리는 시, 소설, 영화 등 다양한 장르의 예술 작품을 통해 기록하고 실생활에서도 구사할 수 있어야 한다. 사투리의 보존과 활용은 지역 문화의 정체성과 경쟁력 문제로 인식할 필요가 있다.

칼과 도끼를 품고 있는 그곳

그곳, 그냥 아득하다. 거리의 문제가 아니다. 엄마와 강을 건너던 일이 아득하고, 할머니가 들려주던 이야기가 아득하다. 해직과 추방, 고립과 단절, 격리와 실의의 날들, 그곳에 서면 밑도 끝도 없이 막막하고 아득했다. 삶의 고비마다 나와 함께 한 그곳, 나 자신이 초라하고 비루하게 느껴지는 날엔 물안개에 몸을 숨겼다. 슬픔과 분노가 위험 수위까지 차오르고 마음 끝없이 황량한 날에는 노을을 바라보며 돌팔매질했다. 앞길 깜깜할 땐 철새에게 길을 물었다. 머리가 복잡하고 아픈 날은 하염없이 갈대밭을 걸었다.

엄마는 목도 가누지 못하는 나를 업고 가슴까지 물이 차오르는 그곳을 건너 칠성시장 난전에 채소를 팔러 다녔다. 갑자기 불어난 물에 휩쓸려 갈 위기를 수도 없이 겪었다고 했다. 그 모든 순간 난 엄마의 등에 찰거머리처럼 붙어 있었다. 그곳에 서면 언제나 가슴이 쓰리고 눈물이 난다. 달성 서씨 대갓집 시어머니의 학대를 견디지 못한 고모는 내가 태어나기도 전에 스스로 그 강에 안겨 바다로 갔다. 어린 시절 할머니가 큰고모 이야기를 할 때 나는 할머니보다 눈물을 더 많이 흘렸다. 내 눈물에 고무되어 할머니는 더욱더 슬픈 어조로 가슴 아픈 이야기를 풀어나갔다. 마주 바라보며 들어주고 공감하는 것이 얼마나 중요한 일인가는 그때 배운 것 같다. 엄마와 누나들, 고모, 한국 현대사의 비극을 온몸으로 살다가 98살에 세상을 떠난, 나와 50년쯤 차이가 나는 6촌 누님, 폐병에 걸렸다고 시집에서 쫓겨나 뚝다리 밑 땅꾼과 살다가 강에 몸을 던진 과수원 구씨댁 며느리… 그곳에 앉아 유유히 흘러가는, 때론 미친 듯 포효하며 달리는 강물을 바라보면 가난과 궁핍, 멸시와 학대를 모진 생명력으로 견뎌낸 여인들의 한과 설움, 한숨과 비탄, 분노와 절망이 아직도 고스란히 느껴진다. 그곳에 가면 그들은 한 명씩, 때론 서로 뒤엉킨 모습으로 내게 다가온다.

누님, 오늘도 훈이를 데리고 저 선연한 핏빛 노을 강물로 넘쳐흘러 오는 이 강언덕에 또 찾아왔습니다. 훈이도 이제 뭔가를 눈치챈 듯 왜 늘 이곳으로 데려오는지를 묻곤 합니다. 누님, 누님이 신행 가던 그해 섣달 초이렛날이 엊그제 같은데 쑥쑥 뻗어 나는 훈이를 보면 세월의 길이를 실감하게 됩니다. 누님이 시집간 이듬해부터 삼동이 되면 자형은 노름에 빠졌고, 해마다 그때 돈으로 육칠십만 원씩 날리지 않으면 그 마을에 봄이 오지 않는다고 할 정도로 자형의 노름빚은 눈덩이처럼 불어갔지요. 견디다 못한 누님이 신통한 묘책도 없는 친정에 훈이를 둘러업고 찾아오면 어머니께서는 계집질하러 간 서방 두고는 다리 뻗고 못 자도 노름하러 간 서방 두고는 잘 수 있는 법이라며 누님을 꾸짖어 쫓아 보내곤 했지요. 누님, 훈이가 네 살 되는 해였던가요. 연례행사로 누님은 또 울며불며 친정에 와서 이젠 계집질에다 여차하면 두들겨 팬다며 복스러운 입술 다 터지고 눈언저리 시퍼렇게 멍들어 차마 보기 민망한 몰골로 서럽게 서럽게 울었고 그날도 어머니께서는 누님을 꾸짖고 달래어, 또 쫓아 보냈지요. 그날은 언 강 다 풀려가는 포근한 보름밤이었지요. 그날따라 누님은 훈이를 데려오지 않았습니다. 그 이튿날 해 질 무렵 바로 이곳에서 누님의 시신은 나루터 송영감에 의해 겉저고리 벗겨지고 머리 다 풀어 헤쳐진 채로 발견되었습니다. 누님, 비록 어렸지만, 그날 훈이를 데려오지 않았던 누님에게서 뭔가를 미리 예감하지 못했던 나의 둔함이 오늘까지도 뺄 수 없는 쓰라린 회한의 옹이로 내 가슴속에 박혀 있습니다. 누님의 시신은 저쪽 집안의 통사정에도 불구하고 더러운 놈의 집에는 시체도 줄 수 없다며 눈에 불을 켜고 반쯤 미쳐버린 아버지에 의해 화장되어 바로, 이 시각쯤 여기 차가운 강물에 뿌려졌고 그때 나는 저녁노을이 콸콸 피를 토하며 각혈하는 것을 보았습니다. 그날 이후로 나에게 있어 노을은 아버지의 충혈된 눈과 어머니의 실성한 눈빛과 더불어 변함없는 핏빛으로 고정되었습니다. 누님, 내년이면 훈이도 대학에 갑니다. 대견하지 않습니까. 살아남은 자는 어떻게든 살아가게 마련이지요. 오늘은 훈이에게 이야기를 해 주려 했는데 대학 시험이 얼마 남지 않아 그 후로 미루고 그냥 돌아갑니다. 누님, 보고 계십니까. 오늘따라 유난히 저 노을을 닮은 눈빛으로 누님이 한 줌 재로 흩어진 저 강물을 서러운 듯 굽어보고 있는 훈이를.

— 졸시 「누님의 강」 전문

　엄마의 목숨을 희롱했고, 얼굴도 모르는 고모를 데려간 그곳을 어린 시절부터 자주 갔다. 아니 나도 모르게 발걸음이 거기로 향했다. 나는 그 강변에서 염소에게 풀을 먹이며 멱을 감고 고기를 잡았다. 강바닥의 모래와 자갈을 발로 비비고 문지르면 발이 미끄러지면서 부드러운 감촉이 느껴지는 것이 있었다. 조개였다. 길쭉한 타원형 칼처럼 생겨 우리 동네 사람들은 그것을 칼조개라 불렀다. 조개를 주우면서 '칼'이라는 말에 유난히 끌렸다. 강이 왜 칼을 품고 있을까에 대해 많이 생각한 것 같다. 격동의 7~80년대를 좌충우돌하며 버틸 때 힘겨운 날엔 어김없이 이곳을 찾았다. 추방과 해직의 고통을 잊기 위해 짐승처럼 일하던 시절이 있었다. 당시 나는 자신을 '육체의 한계까지 일하는 자학적 하등 동물'로 규정했다. 그 바쁜 시절에도 그곳엔 자주 갔다. 자정이 넘을 때까지 어둠에 잠긴 강을 바라보다가 집에 와서는 시를 썼다. 첫 시집 『낙동강』은 그렇게 나왔다. 강은, 칼을 품은 강은, 아무리 베고 나누며 갈라치고 분리해도 결국은 하나가 되어 흐른다는 것을 내게 가르쳐 주었을까. 가난과 남루, 슬픔과 분노, 총칼과 이념도 잠기면 다 그만 아닌가. 그걸 깨우쳐 주려고 강은 칼을 품고 있었는가.

> 지묘동 지나 밍밭골/ 아흔여섯의 육촌 누님/ 개 세 마리 키우며 홀로 사셨다/ 동경제국대학 나온 큰아들/ 좌익으로 총살당하고/ 와세다 대학 나온 둘째 아들/ 6.25 때 국군으로 전사했다/ 하나 남은 막내딸/ 파군재 넘어 오다/ 강도에게 칼 맞아 죽었다// 둘째 아들 전사자 연금 타서/ 첫째 아들 제사 지내는 날/ 누님은 한 해도 빠짐없이/ 삼 남매를 꿈속에서 만난다고 했다/ 어느 겨울 첫째 아들 제삿날/ 누님을 도우러 가서/ 지방(紙榜)에 두 아들 이름 나란히 적고/ 술잔 두 개 가지런히 놓다가/ 칼 맞아 죽은 딸을 위한 잔도 하나 더 보태/ 석 잔에 넘치도록 술을 따르고/ 거동이 힘든 누님을 벽에 기대게 하고는/ 강신(降神)에서 제문 낭독/ 초헌 아헌 종헌 모두 나 혼자 진행했다// 방문을 열어놓고/ 누님과 단둘이 음복을 하는데/ 마당의 개 세 마리/ 갑자기 방안으로 훌쩍 뛰어

들더니/ 누님의 밥그릇에 주둥이를 박고/ 평소대로 누님과 같이 밥을 먹었다/ 누님의 가슴속엔/ 빨치산과 국군이 함께 살고/ 누님의 밥상과 밥그릇은/ 개와 사람을 구별하지 않았다// 자시(子時) 지나 축시(丑時)로 들어서자/ 소복 차림의 하이얀 달이/ 감나무 앙상한 나뭇가지 사이로/ 미친 듯이 일렁이며 마구 달렸다/ 너무도 안쓰러운 마음에/ 누님을 와락 끌어안으니/ 누님의 어깨 너머로/ 한 무리 별들이 반짝반짝 빛나고 있었다/ 거기 삼 남매가 있었다/ 아직도 눈물을 흘리며 떨고 있었다

― 졸시 「밍밭골 육촌 누님」 전문

낙동강생물자원관 연구진이 2020년 10월 소형 담수 패류인 도끼조개가 우리나라에만 서식하는 고유 신속·신종이라는 사실을 새롭게 확인했다고 발표했다. 사진을 보고 내가 알고 있던 칼조개가 도끼조개라는 사실을 처음 알았다. 조개 모양이 도끼를 닮아서 그런 이름을 붙였다고 했다. 보기에 따라서는 그럴 수도 있다. 나로서는 난감했다. 칼에 맞추어 생각했던 모든 글과 생각을 도끼로 바꾸려니 설명하기 어려운 저항감이 생겼다. 내 머릿속에 들어 있는 칼이란 여인의 은장도이고 분열과 편 가름의 상징이었다. 칼을 품고 있는 그곳은 분노와 복수뿐만 아니라 모든 것을 포용하고 치유하는 신전이기도 했다.

입동이 지난 어느 날 그곳을 찾았다. 강둑에서 어린 시절

'앞뜰'과 '뒤뜰'이라고 부르던 불로동과 봉무동의 넓은 들판이 있던 곳을 바라보았다. 아파트 단지, 화훼 단지, 이시아 폴리스가 그 자리에 들어서 있다. 하천 정비 사업으로 강변의 옛 모습은 사라지고 없다. 황톳길 긴 방죽과 모래사장, 갈대밭과 미루나무, 청보리밭, 무수한 생명체가 어울려 살던 늪지대도 사라졌다. 눈 들어 서북 방향을 바라보니 한 많은 김천댁이 목을 맸다는 산이 성큼 다가왔다.

> 달비 장사에게 머리카락 팔아/ 식구들 겨울 내복 사 오겠다며/ 머리 곱게 감아 빗고 장에 간/ 심성 곱기로 온 마을에 칭찬 자자한/ 나무꾼의 아내 김천댁은/ 해 지고 밤이 깊어도 돌아오지 않았다/ 온 동네 사람들이 다 나서서/ 사흘 밤 사흘 낮을 꼬박 찾았으나/ 행방을 아는 이가 아무도 없었다/ 닷새째 되는 날 김천댁은/ 남편 박 서방이 나무하러 가는 길목/ 마을 뒷산 어느 큰 소나무에/ 치마끈으로 목맨 시체로 발견되었다/ 뒷머리 몽땅하게 다 잘렸고/ 찢어진 꼬장주 가랑이에는/ 붉은 선혈이 얼룩져 있었다/ 흑심을 품은 못된 달비 장사에게/ 머리칼 잘리고 겁탈도 당하고는/ 서럽게 산 이 세상을 그렇게 떠났다/ 세 살짜리 봉식이와 박 서방의 내복을/ 보자기에 정갈하게 싸서 발아래 두고서
>
> — 졸시 「김천댁」 전문

강둑에 잠시 앉았다가 자전거 전용 길을 건너 물가로 갔다. 지는 햇살을 받아 은비늘이 반짝이고 있었다. 내 가슴속에 흐르는 옛날 그 강을 떠 올렸다. 조개 이름에 왜 도끼를 붙였을까? 강에게 이유를 묻고는 눈을 감고 기다렸다. 물의를 일으킨 제35회 '상화 시인상'이 떠 올랐다. 시란 무엇이고, 시인이란 어떤 존재인가.

갑자기 신화의 서막처럼 폭설이 쏟아졌다. 강이 기침하기 시작했다. 눈발이 거세질수록 기침 소리는 더욱 커졌고 산과 강이 큰 소리로 따라 울었다. 중절모에 양복을 입은 신사가 강물을 밟고 걸어 나왔다. 이상화 시인이었다. 도끼를 들고 있었다. 두 손을 격하게 저으며 쩌렁쩌렁한 목소리로 외쳤다. "상화 시인상을 없애라. 자존감도 없고 수치도 모르는 인간들아, 불의를 보고도 침묵하는 대구의 타락한 시인들아. 이 도끼를 받아라. 스스로 네 정수리를 내리쳐라. 뇌수를 저 강에 던져 꽁꽁 얼어붙게 하라." 부끄러웠다. 시간이 얼마나 지났을까. 정신을 차리고 주위를 둘러보았다. 눈은 애초부터 없었다. 강물에 손을 담갔다. 손끝에 매끄러운 감촉이 느껴졌다. 도끼조개였다.

강은 스스로 깊어졌다가 얕아지며, 스스로 결빙했다가 스스로 몸을 푼다. 지금은 옛 모습이 다 사라지고 없지만, 언제나 내 안에 있으면서 바깥에 있는, 가깝고도 먼 곳, 불로천과 금호강이 합류하는 그곳은 내 존재의 우물이자 시의 출발점이다. 이제 칼과 도끼, 모든 애착과 애증도 강물에 던져버리자. 저 물길 가는 대로 따라가자. 그냥 무심하게 흘러가자.

  노을이
  태우지 못하고
  남긴 구름
  바람이
  비질하여
  별의 길 열고 있네

– 졸시 「저녁 풍경」 전문

문인수 시인을 심고 나서

2021년 6월 7일 이른 아침, 제주 서귀포에서 문인수 시인의 부고를 받았다. 바로 공항으로 가는 리무진을 탔다. 버스 안에서 이하석, 문무학, 김선굉 시인의 전화를 받았다. 장례를 대구시인협회장으로 치르자고 논의했다. 대구시인협회장은 처음 있는 일이었다. 자료가 없으니 다른 장례를 참고하며 절차와 순서를 정해야 했다. 당일 저녁 지역 중견 시인들과 영결식을 논의했다. 약력 보고(이진홍 시인), 대표시 낭독(박주영 시인), 조시(이하석 시인), 조사(김선굉 시인) 등을 담당할 사람을 정했다. 둘째 날은 방문하는 조문객들에게 영결식 순서지를 배부했다. 셋째 날 오전 9시에 영결식을 거행했다. 맏상제 동섭 씨가 유족대표 인사를 했다. "아버지께서 이렇게 많은 문인으로부터 사랑받는 분인 줄 몰랐습니다. 유족에게 큰 위로가 됩니다." 그 말의 의미를 짐작할 수 있었다. 긴 병에 효자 없다. 사모님을 비롯해 온 가족이 얼마나 힘들었을까. 지켜본 사람들은 다 안다. 가족들은 정말 정성껏 인수 형을 잘 모셨다. 떠나고 나면 후회와 죄책감만 남는다. 아버지란 가시고 나서야 빈자리를 절실히 깨닫게 되는 존재다. 위대한 예술가는, 선지자는, 가까운 거리에서는 참모습을 알 수 없다. 그래서 집과 고향에서는 인정받지 못하는 것이다.

 11시에 만촌 성당에서 영결 미사를 드린 후, 고 김수환 추기경이 태어난 경북 군위군에 있는 천주교군위묘원으로 향했다. 대단지 묘지였다. 문인수 시인의 유택은 영구차로 한참 올라가야 하는 산 정상에 있었다. 한눈에 명당임을 알 수 있었다. 멀리 가까이 서로 중첩된 산들이 그림처럼 펼쳐졌다. 장지에 같이 간 시인들이 "인수형 여기 누워서도 시 쓰겠다. 정말 좋다."라며 감탄했다. 김선굉 시인이 한지에 쓴 「채와 북 사이, 동백진다」를 관에 넣고 흙으로 덮었다. 박상봉 시인은 문인수 시인이 유난히 좋아하여 기존 3절에 이어 4절 가사를 지은 「봄날은 간다」를 불렀다. 나는 그의 짧은 시 「하관」을 나직이 읊조려 보았다. "이제, 다시는 그 무엇으로도 피어나지 마세요. 지금, 어머니를 심는 중……" 내 삶이 신산하기 때문일까. 한국 서정시의 새 지평을 연 대시인 문인수를 심는 모습을 지켜보며 혼자 중얼거렸다. "형님, 이제, 이 세상에 다시는 그 무엇으로도 피어나지 마세요." 부디 아무 고통 없이 영면하소서.

 산업화 과정 초기에 사람들은 비슷한 환경과 상황에 부닥쳐 있었다. 대부분은 각자도생과 각개약진으로 절대빈곤에서 벗어날 수 있었다. 압축 성장 시기에는 열심히 공부해서 어느 정도의 학벌만 갖추면 쉽게 계층이동을 할 수 있었다. 고도성장과 함께 다양한 변수가 얽히면서 학벌만으로는 계층이동이 점점 어려워지게 되었다. 학벌과 학맥에 인맥, 지맥, 혈맥, 금맥 중 한두 가지가 보태져야 경쟁에서 더 유리한 위치를 점할 수 있다.

문단은 그 어느 분야보다 맥이 중요하게 작용하는 곳이다. 장르와 관계없이 유력 매체를 가지고 있는 문단 권력은 무소불위의 영향력을 행사한다. 순수와 참여, 진보와 보수 어느 쪽이든 문단 권력은 막강한 힘을 가지고 있다. 작품이 좋아도 줄이 없으면 빛을 보기 어려운 곳이 문단이다. 순수 문학 독자의 감소는 인터넷과 스마트 폰 같은 시청각 위주의 즐길 거리가 폭발적으로 팽창한 환경 때문만은 아니다. 독자를 향한 문학 권력의 독선과 오만에도 책임이 있을 것이다.

문인수, 그는 오직 시만으로 별이 된 시인이다. 학맥과 인맥 같은 그 어떤 맥도 그에게는 없다. 그는 마흔에야 늦깎이로 등단했다. 그는 자기 이익만 챙기며 위선적인 사람들에게 특히 강한 거부감을 가졌다. 그는 특정 이념에 치우친 사람도 좋아하지 않았다. 이해관계에 따라 자신의 문학적 성향과는 다른 집단에 기웃거리는 것도 싫어했다. 그는 무엇보다도 연민과 배려의 마음이 없는 차갑고 무례한 시인들을 멀리하려고 했다. 그는 가장 가까이 있는 선후배들로부터 상처를 많이 받았다. 그는 움굴한 마음을 시로 승화시켰다.

그는 예순이 넘어 시마(詩魔)에 사로잡혔다. 시인 천양희는 "시마는 병든 영혼을 치유하는 최고의 명약이다."라고 했다. 문인수에게 딱 적용되는 말이다. 그는 제대로 된 직장을 가진 적이 별로 없다. 9여 년 동안 지역 신문 교열부 기자로 일한 게 가장 안정된 직장생활이었다. 내가 볼일이 있어 영남일보에 들릴 때마다 그는 토시를 끼고 교정을 보고 있었다. 가까이 다가가 "형님!"하고 부르면 돋보기를 이마에 올리고는 "윤 선생 왔나"라며 다소 어색하지만, 해맑간 미소를 짓던 그 모습을 아직도 생생하게 기억한다. 기사를 작성하는 기자도 아니고, 남의 글 오탈자나 찾으며 맞춤법을 고치는 그 무료하고 단순한 업무에 자괴감을 느끼고 있음을 알 수 있었다. 그 인고의 시간에 시가 잉태되고 있었을 것이다. 그는 다양한 낭인 생활을 통해 무수한 인간 군상을 만났다. 주류가 아니고, 주류로 살아본 적도 없기 때문에 그는 가난하고 외로운 노인, 장애인, 노숙자 같은 약자들을 남다른 시선으로 바라보았다. 그는 가혹한 고난과 고통 속에서도 살아야 하는 이유를 제시하며 희망을 노래했다.

그의 시에는 항상 사람이 있고, 사람 냄새가 물씬 풍긴다. 나는 그의 시 중에서도 「이것이 날개다」를 가장 좋아한다. 한편만 읽어보면 모든 것을 바로 알게 된다. "뇌성마비 중증 지체·언어장애인 마흔두 살 라정식 씨가 죽었다./ 자원봉사자 비장애인 그녀가 병원 영안실로 달려갔다./ 조문객이라곤 휠체어를 타고 온 망자의 남녀 친구들 여남은 명뿐이다./ 이들의 평균수

명은 그 무슨 배려라도 해주는 것인 양 턱없이 짧다./ 마침, 같은 처지들끼리 감사의 기도를 끝내고/ 점심 식사 중이다./ 떠먹여 주는 사람 없으니 밥알이며 반찬, 국물이며 건더기가 온 데 흩어지고 쏟아져 아수라장, 난장판이다.// 그녀는 어금니를 꽉 깨물었다. 이정은 씨가 그녀를 보고 한껏 반기며 물었다./ #@%, 0%·$&*%ㅒ#@!$#*?(선생님, 저 죽을 때도 와주실 거죠?)/ 그녀는 더 이상 참지 못하고 왈칵, 울음보를 터뜨렸다./ $#·&@\·%,*&#……(정식이 오빤 좋겠다. 죽어서……)// 입관돼 누운 정식 씨는 뭐랄까. 오랜 세월 그리 심하게 몸을 비틀고 구기고 흔들어 이제 비로소 빠져나왔다. 다 왔다, 싶은 모양이다. 이 고요한 얼굴,/ 일그러뜨리며 발버둥치며 가까스로 지금 막 펼친 안심, 창공이다." 시인은 비장애인 자원봉사자가 함께하는 장례식장 모습을 가슴 뭉클하게 묘사하고 있다. 저희끼리 모여 키보드 상단 특수기호를 무작위로 두들긴 것 같은 저희끼리의 언어와 몸짓으로 소통하고 조문하며 밥을 먹는 저 기막힌 외롭고 쓸쓸한 난장판을 상상해 보라. 그들은 심하게 몸을 비틀고 구기고, 흔들어야 겨우 움직이며 살 수 있다. 죽어야 비로소 '고요한 얼굴'로 영혼을 가둔 육체를 벗어나 날개를 달고 자유롭게 훨훨 다니게 된다. 파킨슨병이 악화하면서 몸을 잘 가눌 수 없던 문인수 시인의 마지막 몇 해 모습을 볼 때마다 이 시를 떠 올렸다. 문인수, 그도 이제야 날개를 달고 자유를 얻었다.

 형은 '동강의 높은 새'가 되어 우리 곁을 훌쩍 떠났다. 그래도 형은 아직, 날마다, 내 곁에 있다. 식탁에 앉으면 서가에 놓인 '만월석'이 눈에 들어온다. 환한 보름달이 떠 있는 멋진 수석이다. 내가 단독주택으로 이사할 때 선물로 주셨다. 어디 나가거나 들어올 때는 현관에 앉아있는 '귀면석'과 마주치게 된다. 악귀를 쫓아내라고 형이 갖다 놓은 돌이다. 마당에 나가도 여기저기 형님이 앉아 계신다. 파킨슨병 증상이 심하지 않을 때, 형은 가진 수석 상당수를 직접 차에 실어 우리 집 마당에 옮겨 놓으셨다. 돌을 볼 때마다 몇 차례 형과 동행한 동강, 남한강의 절경이 떠오른다. 그 유명한 '절경은 시가 되지 않는다'는 말도 그 무렵에 나왔다. 정원의 꽃과 꽃 사이에 돌을 진열해 둔 아내는 형이 잘 부르던 '정선 아리랑'을 다시 듣고 싶다고 한다. 비 오는 날 물을 머금은 돌을 한참 보고 있으면 만월석의 달처럼 형이 선한 미소를 지으며 돌에서 나온다. 울컥해지며 형님이 그립다.

    나는 죽은 후에 아무것도 없길 바라는 사람이다. 꿈 없는 잠, 절멸의 상태를 소망한다. 지옥이나 연옥, 극락이나 윤회도 없이 형님께서 그냥 자연의 한 부분으로 돌아가길 간절히 기도한다. "형님, 다시는 그 무엇으로도 이 몸서리나는 인간 세상에 오지 마십시오. 형님은 시로 모든 것을 다 이루고 가셨습니다."

그래도 살아남아 사랑해야 한다
– 김광석 거리를 걸으며

"어제 와서 연습 많이 했는데… 이런, 들켜버렸네" 앞을 못 본다는 사실을 감추려고 미리 약속 장소에 와서 연습했지만, 들켜버리는 조승우, "왜 진작 말을 안 했어? 나 울고 있는 것 안 보여?" 옛 애인을 바라보며 울고 있는 손예진, 영화 「클래식」에 나오는 그 장면을 떠올리면 언제나 가슴이 울컥하고 아프다. 아프니까 청춘인지, 청춘이니까 아픈지, 젊은 날 우리는 온몸으로 통증을 느끼면서도 아픈 이유를 알지 못한다. 강물처럼 세월이 흘러 인생의 어느 지점을 통과해야 문득 우리는 그 이유를 깨닫는다. 그것조차도 온전한 깨달음은 아니다.

우리는 「너무 아픈 사랑은 사랑이 아니었음」을 시로 읽고 노래로 따라 부른다. 20대 청춘도 지나온 날들을 돌이켜보면 마냥 아프기만 하고, 갈 길 바라보면 아득하다. 학업, 군대, 취업, 연애, 사랑… 어느 하나 만만한 것이 없다. 사랑하는 사람 생각에 뜬눈으로 밤을 지새워 본 청춘은 혼잣말로 중얼거린다. "사랑하지 않고 살 수 있는 길은 없을까?" 그런 순간에 김광석의 노래를 들어보라. '이제 우리 다시는 사랑으로 세상에 오지 말기'에 이르면 목이 메고 가슴이 먹먹해진다.

　싱어송라이터이자 노래하는 시인인 김광석(1964~1996)은 1964년 대구 대봉동 방천시장 번개전업사에서 태어나 초등학교 입학 전에 서울로 올라갔다. 중학 시절 현악부 활동을 하며 악보 다루는 법을 배웠다. 고등학교 시절 합창부 활동을 하며 음악적 감성을 길렀다. 1982년 명지대 경영학과에 입학했고, 대학 연합 동아리에 가입하여 민중가요를 부르며 선배들과 함께 소극장 공연에 참여했다. 1984년 '노래를 찾는 사람들' 1집에 참가했다. 1985년 군에 입대했으나 큰형의 사망으로 6개월 단기사병으로 복무하고 제대했다. 복학 후 '노찾사'에 합류하여 1, 2회 정기 공연에 참여했다. 1987년 친구들과 '동물원'을 결성하여 1, 2집을 녹음했다. 1989년 솔로로 데뷔하여 첫 음반을 내며 왕성한 활동을 시작했고, 1995년에 1,000회 공연을 기록했다. 1996년 1월 6일 새벽 그는 자택에서 자살한 채 발견되었다. 향년 33세.

　요절한 자만이 전설이 되고 우상이 된다는 말이 있다. 윤동주가 그랬고, 이육사가 그랬다. 그러나 요절한다고 다 전설이 되고 우상이 되는 것은 아니다. 전설과 우상이 될 만한 콘텐츠를 갖고 있어야 한다. 동주와 육사는 시로 암울한 시대를 절규했다. 김광석, 그는 한국 음악사에서 흔치 않게 모든 계층과 연령층의 사람들이 젖어 들 수 있는 노래를 남겼다.

누구나 가슴 한쪽에 크고 작은 상처를 감추고 살아간다. 평소 가슴 속 응어리는 겉으로 드러나지 않는다. 어떤 계기가 마련되면 그것은 다양한 형태로 표출된다. 술에 취했을 때, 영화를 볼 때, 책을 읽을 때, 시에 젖어 들 때, 아름다운 풍경을 바라볼 때, 밤하늘의 별을 헤아릴 때, 저녁 무렵 날아가는 새들을 바라볼 때, 우리는 다양한 것들에 촉발되어 가슴속에 맺힌 것들을 밖으로 드러낸다. 때론 켜켜이 쌓인 응어리를 내면 더 깊은 곳에 감추기도 한다.

　인류 역사상 가장 낙천적이고 현세 긍정적 시각을 가졌던 고대 그리스에서 최고의 문학 장르는 희극이 아니었다. 그리스 문학의 정수는 비극이다. 인간은 기쁨과 환희의 순간보다 슬프고 아픈 순간에 자신을 더 잘 성찰할 수 있고 내면이 깊어진다. 비극이 주는 정화가 사람을 성숙하게 하고 완성하기 때문이다. 우리는 가슴이 쓰리고 슬플 때, 슬픈 노래를 들으며 그 감정을 더욱 과장한다. 마음이 한없이 기쁘고 행복할 때도 슬픈 노래를 듣는다. 기쁨과 환희는 잠시이고, 후회와 회한, 슬픔의 순간이 곧 찾아올 것임을 알기 때문일까. 김광석의 노래는 아프고 슬픈 감정을 휘저어 우리를 절망의 극단에 다다르게 한다. 우리는 김광석의 노래를 들으며 눈물을 흘린다. 때로 친구들과 함께 어깨동무하고 거리를 휘젓고 다니며 목청껏 노래를 부르며 울기도 한다. 묘하다. 노래를 듣거나 따라 부르며 울다 보면 다시 마음이 평안해지는 순간이 온다. 김광석 노래가 주는 마력은 치유에 있다. 그의 노래는 상처를 어루만져 준다. 상처를 더욱 아프게도 한다. 노래가 끝나고 그 여운이 가라앉을 무렵에는 놀랍게도 상처는 아물고 마음이 진정된다. 시대에 절망하고 삶과 사랑에 실패한 사람들에게 그의 노래는 엄청난 치유와 위안의 힘을 가진다.

칼바람 매몰찬 겨울날, 벚꽃 만발한 봄날, 아스팔트 위를 구르는 낙엽 소리가 가슴속 어딘가를 아프게 하는 날, 마땅히 어디 갈 곳도 없는데 종일 비가 추적추적 내리는 날, 김광석 거리를 걸어보라. 그는 이곳 대봉동 방천 시장에서 태어났다. 취학 전 어린 꼬마가 이 거리에서 놀던 모습을 상상해 본다. 아마 팬티도 입지 않고 러닝셔츠만 길게 늘어뜨린, 소위 러닝 원피스만 입고 여기저기로 뛰어다녔을지 모른다. 그는 이곳에서 다양한 인간 군상들을 바라보았을 것이다. 취학 전 유년은 그림에 비유하면 바탕색이다. 인간은 유년기에 생의 밑그림과 바탕색이 결정된다. 그 이후 삶은 유년의 밑그림을 그대로 또는 다소 변형된 형태로 마무리하는 과정의 연속이다.

김광석 거리는 다소 조잡하다. 기타를 들고 앉아 있는 모습도 어설프고, 여기저기 그려진 벽화도 이발소 그림을 닮은 듯 허름하다. 동네 이발소, 면도칼을 가는 혁대 뒤쪽에 붙어 있던 액자 속 그림을 본 적이 있는가. 그림의 한쪽 여백에는 '00동 청년회 기증' 또는 '9인회 기증' 등의 문구가 흰 페인트로 적혀있었다. 물레방아 그림 속에 가장 많이 적혀 있는 시구는 푸시킨의 「삶」이었다. "생활이 그대를 속일지라도 슬퍼하거나 노여워하지 말라…" 이발소에 올 때마다 사람들은 순서를 기다리며 푸시킨의 시를 읽었다. 삶이 뭔지도 모르는 어린아이도 그 시를 읽었다. 별 감흥 없이 그냥 읽었다. 한참 세월이 지나고 삶의 어느 길목에서 "생활이 그대를 속일지라도 슬퍼하거나…"를 읊조리고 있는 자신을 발견한다. 김광석 거리를 걸으며, 붐비는 시장 어느 모퉁이에 있었을지 모르는 이발소 풍경과 사람들을 떠올려 본다. 아프고 쓰리고 슬픈 추억들이 뒤범벅되어 되살아나지만, 우리는 긴 한숨을 쉬면서 그 시절을 회상한다. 우리는 근원적이고 원초적인 아픔과 슬픔뿐만 아니라 구원과 위안의 출발점도 유년에 있다는 사실을 안다. 방천 시장의 풍경은 소박한 김광석의 모습을 닮고 있기에 더욱 친근하면서도 슬프다.

방천 시장을 천천히 걸으며, 그 순간의 심적 상태에 어울리는 김광석의 노래를 흥얼거려 보라. 정처 없이 걷다가 배가 출출하면 국수 한 그릇 말아먹고 눈에 들어오는 아무 가게에나 들어가 막걸리 한 사발을 마셔보라. 인생은 맑고 투명한 소주보다는 흐리고 텁텁한 막걸리를 닮고 있다. 김광석 거리 곳곳을 지나며 우리는 김광석의 짧지만, 불꽃 같았던 생애와 현재 나의 삶을 대비시킨다. 죽어 우상이 된 그가 한없이 행복해 보이고 부럽기도 할 것이다. 오늘 청년의 삶이 너무 힘들고 고단하기 때문에 더욱 그럴지도 모른다. 거리 어디에서나 그의 노랫소리가 들린다. 어느 순간, 걸어가는 사람들 모두가 김광석의 분신처럼 느껴진다.

　오늘의 청년들은 고통스럽다. 누가 우리에게 '지금 배는 고프지만, 희망이 있는 것'과 '지금 당장 배는 안 고프지만, 희망이 없는 것' 중 하나를 골라 보라고 한다면, 대부분 사람은 첫 번째를 택할 것이다. 지금 다소 배가 고파도 희망이 보이는 쪽이 훨씬 낫다. 지금 부모님 세대가 여기에 해당한다. 성장기에 배는 고팠지만, 열심히 일하고 공부하면 뒤로 갈수록 더 잘 살 수 있었다. 고생하면서도 기꺼이 참을 수 있었다. 부모님 세대는 특별한 경우를 제외하고 대부분은 직장을 구했고, 결혼하여 아이를 낳고 집을 장만하고 부모를 봉양했다. 지금 청년들은 당장 배는 고프지 않지만, 앞이 보이지 않는다. 노력해도 무엇이 보장될 것 같지 않다. 일상은 분주하게 반복되지만, 낭만적인 사건도 별로 없다. 취직을 위한 스펙 쌓기에 온 힘을 쏟아야 한다. 비현실적인 일과 사랑을 위해 모든 것을 바치는 행위를 세상 물정 모르는 어리석음으로 간주하는 시대다. 그래도 몽상과 환상, 실현 불가능한 꿈과 낭만적 열정 같은 것이 없다면 살 수가 없다.

　사는 것이 고달프고 미래가 불투명하여 앞이 막막할 때 김광석 거리로 나가보라. 그의 노래를 들으며 묵묵히 걸어가는 젊은이들을 바라보라. 그들 모두의 가슴속에도 김광석의 그날처럼 울분과 분노, 불안과 절망, 슬픔과 비탄이 다양한 형태로 자리 잡고 있다. 그래도 그들은 길을 가고 있다. 구체적인 목적지는 없지만 걸어간다. 걸어가는 것이 중요하다. 걸어갈 수밖에 없다. 걸어가야 한다. 가다 보면 생각지도 못한 곳에서 '그대만의 데미안'을 만날 수도 있다.

'어느 하루 바람이 젖은 어깨 스치며 지나가고 내 지친 시간들이 창에 어리면 그대 미워져' 다시는 사랑하지 않겠다고 맹세했던 청춘들이여, 김광석 거리를 걸으며 삶과 사랑을 다시 생각해 보라. '다시는 사랑으로 세상에 오지 말기'를 다짐했던 맹세가 헛된 것임을 깨달아야 한다. 우리는 사랑하기 위해 이 세상에 왔다. 젊은 그대들이여, 김광석 거리를 걸으며 삶과 죽음, 사랑을 다시 생각하라. 청춘은 아름답지만, 순식간에 지나가 버린다. 청춘은 짧고, 격렬하고, 격정적이고, 허망하고, 슬프고, 아름답다. 그러기에 더없이 소중하다. 김광석의 삶과 아름답고 슬픈 노래는 우리에게 끊임없이 이렇게 타이르고 있다. "실패한 나의 삶을 타산지석으로 삼아라. 그대 오늘 살아남아 이 순간에 충실하며 삶을 향유하라. 후회할지라도 사랑하라. 두려워하지 말고 앞만 보고 걸어가라. carpe diem!"

가슴 뭉클한 선물

가족 모임을 했다. 내 퇴직에 맞춘 식사 자리였다. 코로나 상황이 좋지 않아 그만두려고 했지만, 아이들이 안전한 곳을 예약했으니 음식점 입장에 필요한 가족 증명서를 가지고 오라고 했다. 식사를 마치자 큰 애가 가방에서 준비한 물건을, 며느리는 케이크를, 둘째도 준비한 선물을 꺼냈다.

존경하고 사랑하는 아버지의 퇴직을 맞이하여 감사의 마음을 전합니다. 젊은 날 가족만을 위해 살아오신 아버지께서 이제는 세상 가장 좋은 것만 누리시고, 행복하고 건강하시도록 저희가 잘 모시겠습니다. 사랑합니다. 감사합니다.

2021년 7월 11일
사랑하는 가족 올림

아이들이 주는 감사패를 보고 울컥했지만, 표시 내지 않고,

시선을 19개월 된 손자에게로 돌렸다. 아직도 아이들에겐 내가 일 아니면 책만 읽는 아빠로 각인된 것 같다. 책 모양의 품위 있는 크리스털 감사패였다. 감사의 글과 내 사진을 3D로 새겼다. 인터넷에 검색하니 아빠 웃는 사진이 딱 한 장 있었다고 했다. 문구는 인터넷에 떠도는 글이 아니고 저희끼리 톡을 주고받으며 작성했다고 했다. 좋은 글 많이 쓰라며 새 노트북 살 돈도 주었다. 둘째는 내게 미리 물어보고는 아마존에서 러셀의 『서양철학사』 영문판을 사 주었다. (집문당의 새로 쓰기 판, 을유문화사 번역본 등을 읽었지만, 영문판을 정독하고 싶었다.) 살아오면서 학계, 언론계, 문화계, 교육계, 행정기관, 학부모 단체 등 여러 기관으로부터 많은 감사패를 받았지만, 아이들이 주는 감사패처럼 울컥하거나 눈물이 나지는 않았다.

기차를 타고 내려오며 가족 단톡에 감사하다는 말을 남겼다. 지나온 일들이 파노라마처럼 펼쳐졌다. 사는 데 급급하여 얼마나 아이들에게 소홀하였던가. 나는 가난하지 않을 수 있다면 그 어떤 고통도 감수하겠다고 생각하며 살았다. 아이들이 어릴 때 나는 일 중독자였다. 그래도 아빠를 이해하고 인정해 주니 참으로 감사하다. 아이들은 조부모와 함께 살면서 정말 잘했다. 둘째는 할머니와 72년 차이가 나는 띠동갑이다. 고3 때는 바쁜 엄마·아빠를 대신해 자율학습도 하지 않고 집에 와 아흔이 넘은 할머니의 대소변을 직접 받아냈다. 그런 다음 물로 씻기고는 피부가 헐까 봐 드라이기로 말리고 마사지를 해 드렸다.

자기 방이 있지만, 할머니 방에 책상을 두고 공부하며 함께 잤다. 유난히도 우여곡절이 많았던 나의 삶을 지지해 준 가족에게 감사한다. 가족은 그 어떤 고난도 견디게 해 주었다.

낫 놓고 기역 자도 모르는 어머니께서는 친구와 길을 가다가 엿을 한 가락 사면 반으로 나눈 뒤, 두 손바닥 위에 얹고는 친구에게 먼저 선택하게 하라고 가르쳤다. 나는 그 말을 지금까지 지켰다. 어디에서든, 어떤 경우든 내 이익을 먼저 챙기지 않았다. 어머니께서는 늘 "사람은 한날한시 같아야 한다." "죄는 지은 대로 가고, 공은 닦은 대로 간다."라고 하셨다. 남을 속이고 이용하거나 남에게 부당하게 피해를 주면 당대 아니면 자손 대에 가서라도 반드시 벌을 받는다고 하셨다. 눈앞의 이익을 위해 신의를 저버리는 사람도 마찬가지다. 지금까지 살면서 그 말이 다 맞는다는 사실을 수없이 확인할 수 있었다.

소설 『대지』를 쓴 펄 벅의 말을 다시 음미해 본다. "가정은 나의 대지다. 나는 거기서 나의 정신적인 영양을 섭취하고 있다."

자가 격리의 시간을 보내며
‒ 2021년 8월 3일~18일

　인간은 욕망덩어리다. 쇼펜하우어는 "인간은 욕망이 안 채워지면 결핍으로 고통스럽고, 욕망이 채워지면 권태로 고통스러운 존재다. 고통에 가득한 세계는 지옥에 가깝다."라고 했다. 인생이란 결핍과 권태 사이를 왔다 갔다 하는 고통일 뿐일까?

　8월 3일, 초임 교사 시절 제자가 신문에서 은퇴 기사를 보았다며 식사 한번 모시겠다고 전화했다. 나와는 열 살 정도밖에 차이가 안 난다.
　8월 4일, 집으로 차를 보냈다. 제자 부부와 늦둥이 초등학생, 우리 부부 5명이 독립된 방에서 1시간 반 정도 밥을 먹으며 대화를 나누었다.
　8월 8일, 일요일, 제자가 내게 죄송하다는 전화를 했고, 조금 후 보건소에서 전화가 왔다. 확진자 밀접 접촉자이니 오늘 검사를 받고 2주간 자가 격리하라고 했다. 초등학생이 운동하는 곳에서 감염된 것이다.

8월 9일 아침, 보건소에서 '음성'이란 문자가 왔다. 우리 부부와 제자 부부 모두 백신 2차 접종까지 한 상태여서 그런지 제자 부부도 음성이라고 했다. 아내와 나는 AZ 예약자가 노쇼일 때를 대비한 대기자 명단에 신청해 4월 30일에 맞았고, 7월 16일에 화이자 2차 접종을 했다.

8월 10일, 구청에서 격리 물품 2상자를 보냈다. 혼자 들기 힘들 정도로 비상식량이 가득 들어 있었다. 우리나라는 잘 사는 선진국 맞다. 제자 아이는 생활치료센터에 입소했다. 엄마도 보호자로 함께 갔다. 아이는 무증상이고 잘 견딘다고 한다. 다행이다.

8월 16일, 서울서 둘째가 왔다. 원래 8.15 연휴를 대구서 보내려 했지만, 우리가 자가 격리 중이라 집에 들어올 수가 없다. 둘째는 유난히 방역 수칙을 엄격하게 지키라고 강조하는 직장에 다닌다. 잠시 집에 들러 창문 너머로 엄마 아빠를 보고 마당의 꽃과 나무들을 보고 가겠다며 왔다. 아내는 비닐장갑을 끼고 과일과 무화과 등을 데크 위 테이블에 차려 두었다. 둘째는 창문을 닫은 상태로 30분쯤 앉아 있다가 외가로 갔다. 참 묘한 풍경이다.

8월 17일, 10시에 집을 나섰다. 격리 해제를 앞두고 마지막 검사를 받기 위해서다. 수성구 보건소로 차를 몰고 가는 도중에 전화가 왔다. 격리 장소에서 이탈하고 있느냐고 물었다. 검사받으러 간다고 했다. 이제 우리는 인공지능이나 각종 앱, 위치 추적 장치 등에 의해 감시받는다. 개인의 은밀한 사생활이란 없다. 마음만 먹으면 누구라도 내가 하는 행동을 다 알고 감시할 수 있다. 조지 오웰의 빅 브라더가 떠 오른다. 좋은 의미에서는 국가 기관의 보호를 위한 감시지만, 사회적 통제 수단으로 악용될 소지가 너무 크다.

8월 18일, 오전 9시가 좀 지나자, 어제 검사가 음성이란 문자가 오고 이어서 정오를 기점으로 격리가 해제된다는 전화가 왔다. 자가 진단 앱을 삭제해도 된다고 했다.

8월 18일 정오, 집 앞 편의점에 가서 고양이 간식을 샀다. 지난해 코로나 창궐 시기에 우리 집에 눌러앉은 길고양이 조르바는 나이가 들어 그런지 잘 못 씹는다. 간식도 먹는 게 힘든 모양이다. 살아있는 모든 것은 생로병사의 과정을 거치게 마련이다.

2020년 대구의 코로나가 절정이었을 때 나는 혼자 있었다. 갓 태어난 손자를 돌봐주러 간 아내에게 아예 대구에는 오지 말라고 했다. 서울에서 언론사 부장으로 일하는 제자가 안부 전화를 했다. 난 '격리와 단절'에 익숙한 사람이어서 '쌀, 된장, 간장, 김치'만 있으면 아무 문제 없이 잘 지낼 수 있는 사람이라고 했다. 얼마 후 지역 신문의 아는 기자가 "신문 읽다가 보니 이 글에 나오는 사람이 선생님인 것 같아요."라며 기사를 보냈다. 내 이야기가 맞았다.

우리는 잘 견뎌냈지만, 대재앙이 남의 이야기가 아니라는 사실을 몸소 체험했다. 제자는 자주 미안하다고 전화했다. 나는 전혀 상관없다고 말했다. "자네와 나는 지난날을 돌아보는 성찰의 시간을 얻었다고 생각하면 되네. 다만 무증상이지만 생활치료소에 있는 우리 귀염둥이만 괜찮으면 되네."

주변 사람들이 커피, 과일, 요구르트 등을 보내주었다. 둘이 다 먹을 수가 없다. 책 읽고 스트레칭하고 글 쓰며 보내는 시간이 나쁘지 않다. 마당 있는 단독주택이니 얼마나 다행인가. 아침마다 잘 익은 무화과도 따 먹는다. 대추와 감이 굵어져 가는 모습을 경이로운 눈으로 바라본다. 범나비, 배추흰나비, 호랑나비가 꽃들과 노는 모습을 바라보는 것도 좋다. 어제는 보기 드문 제비나비까지 날아왔다. 주 3~4회 만 보 걷기를 못 하는 것이 좀 아쉽다. 아침에 책 정리를 하다가 문득 펼친 시조 한 편이 와닿았다.

가을 일기

김제현

혼자 밥 먹고
혼자 놀다
책을 읽다

깜박 졸다

새소리에 깨어보니

새들은 간데없고

가을만 깊을 대로 깊었다.

나무들도 아픈가 보다.

  책 읽고, 졸고, 글 쓰고, 음악 듣고, 조르바에게 밥 주다 보니 더위가 다 갔다. 잘 땐 이불을 덮어야 한다. 너무 호사한 격리 생활을 하는 것 같다. 아침에 아내가 보라고 한 기사를 읽으며 가슴이 아팠다. 매일 경제에 실린 "허름한 철제 침대에 바닥 이불 한 장… 코로나로 세상 떠난 베트남 교민이 남긴 쓸쓸한 사진 한 장"이란 기사였다. 흑백의 격리병실 사진은 을씨년스럽고 황량하다. 이 교민이 한국에 이송되었다면 죽음에 이르지는 않았을 수도 있다.

  단테의 『신곡』 「지옥편」을 펼쳤다. 단테는 「지옥편」 「연옥편」 「천국편」을 썼지만 「지옥편」이 단연 압권이다. 천국은 오히려 밋밋하고 어색하다. 지옥을 이렇게 잘 묘사할 수 있었던 이유는 인간 세계가 지옥에 가깝기 때문이 아닐까 싶다. 「지옥편」 '3곡'에서 "여기에 들어오는 너희는 모든 희망을 버려라."라고 말한다. 맞다. '희망'을 가질 수 없는 곳이 가장 가혹한 지옥이다. 이 글을 쓰고 있는데 골목길로 아이가 엄마와 재잘거리며 지나가는 소리가 들린다. 우리에게 희망이 있는가? 라이프니츠는 이 세계는 신이 만들 수 있는 '최선의 세계'라고 했다. 쇼펜하우어는 이 세계는 신이 만들 수 있는 '최악의 세계'라고 했다. 그는 "인생은 고통이고 세계는 최악이다."라고 했다.

 쇼펜하우어는 '욕망이라는 이름의 전차'가 다다르는 종착역은 결국 고통이라고 말한다. 그는 고통에서 벗어나기 위해 두 가지를 제시한다. 하나는 음악이다. 베토벤의 음악 같은 웅장하고 열정적인 것보다는 바흐의 음악과 같이 수학적 형식미를 가진 음악이 좋다고 했다. 다만 음악은 일시적으로만 고통에서 벗어나게 해 준다. 고통에서 영원히 벗어나기 위해서는 모든 욕망을 끊고 금욕을 통해 열반에 이르라고 말한다. 불교에서 말하는 열반과 거의 같다. 쇼펜하우어 책상에는 청동 불상이 있었다고 한다.

 격리 해제되는 날 가장 반가운 소식이 왔다. 확진된 제자 아이도 퇴원한단다. 무증상으로 격리 치료를 받았는데 완치되었다. 감사하고 축하한다는 전화를 했다. 방역 일선에서 일하시는 분들, 걱정해 수며 먹을 것을 보내 주신 분들, 늘 문자나 카톡으로 힘을 주신 분들. 모든 분께 감사하다. 우리는 자주 혼자라고 생각하지만, 결코 혼자 사는 것이 아니다.

2부

묘비명 고치기

사물의 본성에 관하여

손님이 찾아왔다. 미세먼지 때문에 마스크를 쓰고 산책하다가 들렀다고 했다. 손에 책 한 권을 들고 있었다. 기원전 50년 무렵에 쓰여 르네상스의 새벽을 여는 데 결정적인 역할을 한 루크레티우스의 장시(長詩)「사물의 본성에 관하여」였다. "좋은 책 읽으시네요." "봄이라서 이 책을 잡아봤습니다. 보티첼리의「비너스의 탄생」도 이 책 베누스(비너스) 여신에 대한 찬사에서 영감을 받았다고 해요." 루크레티우스의『사물의 본성에 관하여』는 헬레니즘 시대의 주요 철학 사조였던 에피쿠로스학파의 물리학, 우주론, 원자론, 윤리학을 선해주는 소중한 자료다. 이 책은 스티븐 그린블랫 교수의 말처럼 다양한 주제가 한데 얽혀 있다. 강렬한 서정적 아름다움의 순간, 종교에 관한 철학적 명상, 쾌락, 죽음, 물질계, 인간 사회의 발전, 성의 위험과 즐거움, 질병의 본질 등에 관한 복잡한 이론들을 하나로 아우르고 있다.

포조 브라촐리니가 1417년 독일 한 수도원의 먼지 덮인 서가에서 이 책 필사본을 발견했다. 그는 탁월한 인문주의자이면서 교황의 비서, 고대 유물 수집가, 라틴어 번역가 등으로 활동했고 역사상 가장 유명한 책 사냥꾼이었다. 그는 이 책을 필사하여 세상에 유포했다. 마키아벨리도 이 책을 필사했다. 토머스 모어, 몽테뉴, 갈릴레오, 프로이트, 다윈, 토머스 제퍼슨 같은 사람들에게서도 이 책의 자취가 발견된다. 하버드대학의 스티븐 그린블랫 교수는 역작 『1417년 근대의 탄생, 르네상스와 한 책 사냥꾼 이야기』에서 이 책의 발견으로 교회와 봉건적 지배에 의해 자유를 빼앗기고 착취당했던 '암흑'의 중세가 마감되고 '재생'의 르네상스가 태동하는 계기가 마련되었다는 사실을 잘 설명하고 있다. 그린블랫 교수의 설명과 해설을 참고하며 이 책을 읽어보면 오늘의 관점에서 보아도 그 내용은 정말 참신하고 새롭고 놀랍다. 주요 대목을 몇 군데를 인용해 본다. "사물은 눈에 보이지 않는 작은 입자로 만들어진다. 사물은 이런 씨앗들로부터 형성되고 해체의 과정을 거쳐 다시 씨앗 상태로 돌아간다. 이런 씨앗들은 불변하며 분해할 수 없고, 눈에 보이지 않으며, 그 수가 무한하다. 이들은 끊임없이 운동하면서 서로 충돌하고 서로 결합하여, 새로운 모양을 이루며 다시 갈라지고 결합하기를 반복한다. 사물은 일탈의 결과로 나타난다. 일탈은 자유의지의 원천이다. 모든 체계화된 종교는 미신적인 망상이다. 이 망상의 근원은 깊게 뿌리박힌 인간의 염원과 공포, 그리고 무지에 있다. 인간은 소유하고 싶은 권력과 아름다움, 완벽한 안전에 대한 이미지를 투영하여 그에 따라 신들의 이미지를 만들고 그렇게 함으로써, 인간은 자신의 꿈에 노예가 되고 만다. 종교는 일관되게 잔인하다. 종교는 항상 희망과 사랑을 약속하지만, 그 깊은 곳에 깔린 핵심은 잔인성이다. 그렇기 때문에 종교는 응징의 환상을 불러일으키며 어김없이 추종자들에게 불안감을 조성한다. 천사니, 악마니, 귀신이니 하는 것들은 없다. 이런 종류의 비물질적인 영혼 같은 것은 존재하지 않는다. 인생의 최고 목표는 쾌락의 증진과 고통의 경감이다. 인생은 행복을 추구하는 방향으로 설계되어야 한다. 자신과 벗의 행복이라는 이 목적을 이루려는 것 이상으로 더 고귀한 윤리적 목적은 없다. 국가에의 충성, 신 또는 지배자의 영광, 자기희생을 통한 고된 덕의 수행 같은 것이 가장 중요하다는 여타의 주장은 모두 부차적인 것을 가장 중요하다고 착각한 것이거나 기만이다."

루크레티우스는 사람들에게 죽음에 대한 공포, 신들에 대한 공포를 없애고, 내세에 벌을 받을지도 모른다는 불안감을 해소해 주려고 노력했다. 주요 내용이 기독교의 중심 가치를 부정하는 에피쿠로스주의를 대변했기 때문에 교황은 이 책을 금서로 지정했다. 나는 봄이 왔다고 고전을 읽는다는 사람의 눈빛을 떠올리며 『사물의 본성에 관하여』와 『1417년 근대의 탄생』을 다시 읽었다. 종교적인 신념과는 관계없이 현자들의 탐구욕과 학구열을 느끼고 싶었다. 어수선한 혼돈의 시대에 근본 대책도 없이 개념 없는 발언을 일삼으며 저잣거리를 헤매고 다닐 수는 없다. 근본과 근원, 원리를 탐구하는 사람이 많아야 그 사회를 지탱하는 힘이 축적되고, 희망이 봄날의 새싹처럼 돋아난다.

묘비명 고치기

　　모파상의 단편 소설을 다시 읽었다. 죽도록 사랑했던 여자가 갑자기 죽고 난 뒤 한 남자가 겪은 일을 다룬 「고인」이 새롭게 와 닿았다. 소설 속 남자는 단호하게 말한다. "사랑은 언제나 같은 단 하나의 이야기만 갖고 있다. 나는 그녀를 만났고, 그녀를 사랑했다. 그것이 전부다. 그리고 일 년 동안 나는 그녀의 시선 속에서, 그녀의 옷 안에서 그녀의 말속에서 살았다. 밤인지 낮인지 구별도 못 할 정도로, 내가 살았는지 죽었는지 알 수도 없을 정도로, 내가 이 지구에 있는지 아니면 어떤 다른 곳에 있는지도 모를 정도로, 나는 그녀에게서 오는 모든 것에 의해 완벽하게 싸이고 묶이고 사로잡힌 채 살았다." 그렇게 사랑하는 여인이 비 내리는 어느 저녁, 몸이 젖은 채 집에 돌아와서는 몸져누웠다. 고열이 났지만, 빛나는 시선은 슬퍼 보였다. 안타까운 마음에 말을 걸자, 그녀는 답은 했지만, 무슨 이야기를 했는지 기억나지 않는다. 결국 그녀는 죽었다. 그녀를 묻고 파리로 돌아온 남자는 그녀를 잊을 수 없었다. 창문을 열고 뛰어내리고 싶을 정도로 격렬한 슬픔이 되살아났다. 어느 날 남자는 자신도 모르게 묘지로 가고 있었다. 그녀의 묘지 대리석 십자가에는 "그녀는 사랑하고 사랑받다 잠들었노라"라고 적혀 있었다.

남자는 그날 밤 묘지에 머무르면서 죽은 자들이 관을 박차고 나와 자신의 비문을 고치는 장면을 목격한다. 남자가 앉아있던 묘지의 주인도 밖으로 나와 "여기 쟈끄 올리방이 쉰한 살의 나이로 잠들다. 우인들을 사랑했고, 정직했으며, 선량한 그는 주님의 평화 속에서 잠들었노라"라는 비문을 끝이 날카로운 돌로 긁어 지웠다. 그리고는 "여기 쟈끄 올리방이 쉰한 살의 나이로 잠들다. 유산상속을 바라면서 가혹함으로 아버지의 죽음을 재촉했고, 아내에게 고통을 주었으며, 아이들을 괴롭혔고, 이웃을 속였고, 기회만 있으면 도둑질을 한 그는 비참하게 죽었노라."라고 고쳤다. 고쳐쓰기를 마치자, 시체는 가만히 서서 자기 작품을 감상했다. 남자는 주위를 둘러봤다. 시체들이 무덤에서 나와 가족이 묘비에 새긴 거짓말을 지우고는 진실을 써넣고 있였다. 모두가 주위 사람을 괴롭힌 가증스럽고 파렴치하고 위선적인 거짓말쟁이였으며, 간사한 모략꾼이며 탐욕스러운 사람이었다는 사실을 알 수 있었다.

19세기의 소설이 21세기인 지금의 이야기로 절실하게 다가온다. 내가 죽고 난 뒤 나에게도 틀림없이 일어날 일이다. 갑자기 특정 정치인들을 광적으로 지지하고 좋아하는 사람들이 떠올랐다. 이들 역시 지금 지지하는 특정인이 무소불위의 영향력을 행사하고 있을 때는 이렇게 외칠 것이다. "내가 지지하고 사랑하는 사람은 오로지 하나이고 세상에는 단 한 사람을 지지하는 이야기만 존재한다. 나는 우연히 그를 만났고, 그를 사랑했다. 그것이 전부다… 나는 그에게서 오는 모든 것에 의해 완벽하게 싸이고 묶이고 사로잡힌 채 살았다." 그가 죽으면 "임은 고통받고 억압받는 모든 이들의 벗이었으며, 평생을 가난하고 소외된 사람들을 위해 헌신했으며 청빈하고 겸손하게 살았다. 임은 우리 모두의 우상이고 영웅이었다. 우리의 영원한 존경과 사랑 속에서 여기 잠들다"와 비슷한 내용의 글을 새길 것이다.

남자는 묻혀있는 모두가 묘비를 고치는 것을 보고 그녀도 그럴 수 있다고 생각하여 시체와 해골 사이를 뛰어다녔다. 수의로 덮여 있어 얼굴은 볼 수 없었지만, 마침내 그녀를 찾았다. 그녀도 자신의 묘비를 이렇게 고쳐 놓았다. "어느 날 불륜 관계를 맺으러 나갔다가 비를 맞아 감기에 걸려 죽었노라." 소설은 "이튿날 아침, 정신을 잃고 무덤 근처에 쓰러져 있는 나를 사람들이 떠메고 왔다고 한다."로 끝을 맺고 있다.

"나는 순진한 추종자들을 앞세워 반대파를 공격하면서 나 자신과 나를 감싸고 있는 패거리의 이익만 추구했으며 정직하지도 정의롭지도 않았다. 나는 세상을 크게 한판 속였고 탐욕과 위선으로 점철된 삶을 살았노라." 이렇게 고쳐진 묘비를 발견하고는 망연자실할 특정인이나 특정 집단 추종자들을 떠올리며 모파상의 묘비명을 다시 읽어본다. "나는 모든 것을 갖고자 했지만 결국 아무것도 갖지 못했다."

우신예찬

『우신예찬』은 르네상스 시대의 인문주의자 데시데리위스 에라스뮈스가 1511년에 출간한 책이다. 우신(愚神)이란 바보의 신이다. 우신(moria)의 어머니는 '청춘의 신'이고, 아버지는 '부유의 신'이다. 우신은 '도취'와 '무지'라는 유모의 젖을 먹고 자랐다. 에라스뮈스는 우신을 예찬하는 것처럼 보이게 하면서 인간의 어리석은 행동을 비판하고 있다. 그는 이 책을 통해 교황과 교회 권력자, 왕과 왕족, 귀족들의 행동을 냉정하게 관찰하고 풍자했다. 그는 교회의 헛된 권위와 어리석음을 조롱하면서 다른 한편으로는 종교가 물질직, 육제직인 것들을 거부하고 순수한 영혼의 문제로 돌아가라고 했다. 이 책이 불후의 명작인 이유는 그가 주장하는 것들이 현대를 살아가는 여기 '어리석은 자들'에게도 그대로 적용되기 때문이다.

『우신예찬』을 읽으며 오늘의 정치와 권력을 생각해 본다. 우신이 그러하듯 권력도 '도취'와 '무지'라는 유모에 의해 양육되는 것이 아닐까. 권력은 반드시 사람을 취하게 하며 권력을 잡은 자는 무지해야 그것을 유지할 수 있다. 우신에겐 추종의 신, 향락의 신, 무분별의 신, 방탕의 신, 미식과 수면의 신과 같은 친구가 있었다. 오늘날에도 권력 주변엔 이런 사람들이 득실거린다. 이 책에는 지금 적용해도 기가 막히게 들어맞는 구절이 너무나 많다. "냉정한 진실보다는 달콤한 거짓이 사람을 행복하게 만들어 준다." "오늘날 군주들은 나 우신의 도움을 받아 모든 근심 걱정을 신들에게 맡겨두고 듣기 좋은 말만을 하는 자들에게 귀를 기울인다." "지혜와 철학은 가난하고 지질한 사람을 만든다. 지혜는 사람을 소심하게 만든다. 지혜로운 사람들은 가난과 기아와 헛된 희망 속에서 천대받으며, 주목은 고사하고 관심조차 받지 못하고 살아간다." "가까운 사람들을 하나로 묶어주는 것은 바로 광기의 힘이다. 친구들 사이에 우정의 연대를 가능하게 해주는 것도 광기의 힘이다. 뱀처럼 꿰뚫어 보는 냉철함보다는 에로스의 헤픈 정념이 진정 삶을 유쾌하게 해 주고 사회적 유대관계를 굳게 다져주는 것이다. 달콤한 꿀을 서로 주고받으며 마음을 달래지 않는다면 어떠한 모임이나 관계도 유쾌하게 지속하지 않을 것이다." 이 시대는 사리 분별력 있는 사람보다는 광기에 쉽게 휩쓸릴 수 있는 사람이 더 행복한지도 모른다. 광기를 예찬하면서 에라스뮈스는 정치권력 집단의 허구성에 대해서도 일갈한다. 그는 "최고 권력자가 일면 학식이 풍부한 참모들을 중용하는 것 같지만, 그보다는 자신의 심기를 잘 헤아리고 즐겁게 해주는 광대들을 더 좋아한다."라고 말한다. "아첨은 낙담한 영혼을 일으켜 세우고, 슬픔을 어루만져 주고, 무기력한 사람들을 격려하고, 둔감해진 사람들에게 생기를 불어넣어 준다. 아첨은 아이가 공부를 좋아하게 만들고, 노인의 주름을 펴주기도 하고, 조언과 가르침을 칭찬으로 포장하여 왕이 마음을 다치지 않도록 넌지시 말할 수 있도록 해준다. 아첨은 모든 인간관계에서 꿀이자 양념이다." 그래서 우리는 권력을 가진 자, 가지려고 하는 자에게 그렇게 맹목적으로 아첨하는 것일까.

에라스뮈스가 주교나 추기경, 교황과 같은 종교 지도자들에게 요구하는 것은 '노동과 헌신'이다. 재물을 탐하고, 기득권 세력이 된 그들에게 에라스뮈스는 이렇게 질타한다. "가난한 사도의 직분을 행하는데 금전이 무슨 필요가 있는가? 자신을 한 번이라도 뒤돌아본다면 모든 것을 미련 없이 버리고 예전의 사도들처럼 노동하고 헌신하는 삶을 살고자 했을 것이다." 우리가 귀하게 여겨온 정직한 노동, 가족과 이웃을 위한 헌신과 희생, 타인을 향한 연민과 배려 같은 덕목들이 지금, 이 순간에도 여전히 소중하고 필요한 것인가?

『우신예찬』은 이렇게 끝을 맺고 있다. "옛말에 '같이 마시고 다 기억하는 놈을 나는 증오한다.'라는 말이 있다. 이를 새롭게 고쳐 '아, 기억하는 청중을 나는 증오한다.' 그러므로 이제 여러분 안녕히! 손뼉 쳐라! 행복하라! 부어라, 마시라! 나 우신의 교리에 탁월한 여러분이여." 오늘의 권력자들도 그들이 과거에 내뱉은 말과 행동을 오래 기억하는 사람들을 싫어하고 증오할 것이다. 하여 우신이여, 우신이여, 내 술잔을 채워라. 이 풍진 세상 그냥 손뼉이나 치며 취생몽사 할까나.

인류의 재앙과 사랑의 마음

"미라가 된 형체들 사이를 조심조심 걸어갔다. 검은 피부는 불거진 뼈 위로 팽팽하게 당겨졌고, 두개골이 드러난 얼굴은 갈라지고 쭈그러들었다. 무시무시한 진공청소기로 빨아들인 것 같았다. 차갑게 굳은 도로에서 영원히 몸부림치는 그 형체들을 지나, 그 적막한 통로로 밀려와 쌓이는 재를 뚫고 그들은 말없이 걸어갔다./ 저녁에 또 다른 해안 도시의 음산한 형체가 나타났다. 희미하게 기운 듯한 느낌을 주는 높은 건물들의 덩어리, 남자는 강철 보강제가 열 때문에 물렁물렁해졌다가 다시 굳으면서 건물들이 현실 같지 않은 모습으로 서 있게 되었을 것으로 생각했다. 녹아내리다 응고된 유리가 케이크의 아이싱처럼 벽에 매달려 있었다." 코맥 매카시의 소설 「로드(THE ROAD)」에 나오는 두 장면이다. 매카시는 미국 현대문학을 대표하는 소설가로 윌리엄 포크너, 허먼 멜빌, 어니스트 헤밍웨이를 계승한 작가로 평가받고 있디.

소설 「로드」는 자연재해, 핵전쟁, 9·11 테러 같은 대재앙

이후의 메마른 잿더미의 세계가 보여주는 음울하고도 암울한 모습을 기묘하게 묘사하고 있다. 비평가들은 「로드」만큼 멸망의 날을 강렬하고 절망적으로 표현하면서도 기이한 아름다움을 느끼게 하는 작품은 없다고 말한다. 이 소설은 지옥으로 가는 여정을 담은 또 다른 단테의 『신곡』이라고도 말한다. 작가가 그리고 있는 대재앙 이후의 세계는 가슴을 쥐어짜는 슬픔이 가득하고 사람의 피를 얼어붙게 만든다. 그는 희망이 솟아날 모든 가능성을 불태워 버린다. 이 소설을 읽으며 독자는 자신과 자기 자녀들이 겪을지도 모를 미래에 대해 절망적인 탐색을 하면서 묵시록적 두려움과 섬뜩함을 느끼게 된다. 이 책의 이야기는 독자가 해묵은 질문을 다시 하게 한다. "이 우울하고 음산한 세상에서 우리가 살아남기 위해서는 어떻게 해야 하나?"

지금 지구상에서 우리가 목도하고 있는 자연재해, 인공적인 재앙, 전염병 등은 우리를 극도로 불안하게 한다. 대형 산불, 전 지구적인 온난화와 해수면 상승, 아프리카 메뚜기 떼의 습격, 코로나바이러스의 창궐 같은 전염병의 유행 등은 매카시가 소설 『로드』에서 묘사하고 있는 그 절망적인 장면들을 어쩌면 우리 생애에 경험하게 될지도 모른다는 생각이 들게 한다. 백혈병을 앓는 딸의 부모가 코로나 때문에 후베이성을 봉쇄하는 다리로 와서 딸만이라도 나가게 해 달라고 절규하는 사진, 시신을 넣을 자루가 부족하다는 보도 등은 소설에서 묘사하고 있는 비극적인 상황이 실제 현실에서 일어나고 있다는 것을 짐작하게 했다. 매카시는 소설 「로드」에서 극도의 공포심을 느끼게 만들면서 빛이 사라지며 죽어가는 세계를 충격적으로 묘사하고 있다. 우리는 이 소설을 읽으며 인간의 잘못된 생각과 의식, 행동이 만들어 내는 다양한 재앙도 생각하지 않을 수 없다. 전 세계에 만연해 있는 극우와 극좌의 대립, 우한 폐렴 초기 단계의 언론 통제와 진실 은폐, 권력을 잡기 위해 미래 세대를 희생시키는 포퓰리즘 등도 자연재해 이상의 대재앙을 유발할 수 있다. "우리도 과거의 많은 생물 종과 마찬가지로 진화의 정점에서 스스로 자초한 대재앙으로 멸종할 수밖에 없는가? 그렇다면 모든 것을 숙명으로 받아들이고 가는 데까지 갈 수밖에 없는가?" 같은 질문을 하지 않을 수 없다. 빈부격차, 극단적인 이념 대결, 핵무장을 포함한 군비 경쟁, 고삐 풀린 인공지능 등으로 항상 위험을 등에 지고 있는 오늘의 세계가 어느 순간 판단을 잘못할 때 어떤 일이 일어날 것인가?

소설 「로드」에 나오는 아버지와 아들 두 등장인물은 인류 전체를 대변한다. 두 인물은 선과 악의 개념조차 사라진 황폐하고 황량한 세계를 떠돈다. 그러나 자연이 인간의 파괴로부터 피난처를 마련해 줄 수 있다는 희망조차 제거된 상황에서도 아버지와 아들은 '사랑'이라는 형식을 통해 구원을 제시한다. 그렇다. 최악의 상황에서도 우리를 구원할 수 있는 것은 '사랑의 마음'이다. 재앙의 현장에 뛰어드는 의료진, 자국민을 데려오기 위해 감염의 위험을 무릅쓰고 자원해서 비행기에 탑승한 승무원 같은 사람들의 고귀한 희생정신과 사랑의 마음에서 우리는 희망을 발견한다. 용기 있는 사람들의 숭고한 인류애, 이것이 바로 인류 구원의 등대다.

미안한 마음에 옛날을 돌아본다

학년이 바뀌면 담임선생님이 제일 먼저 하는 일은 '학생 실태조사'였다. 질문과 손들기가 20번 이상 반복됐다. 편부, 편모, 조부모, 형제자매 등 가족 관계 조사를 먼저 했다. 그다음에는 부모님의 재산, 교육 정도, 직업 등을 조사했다. 재산은 자가, 전세, 사글세, 월세 조사에 이어 라디오, 카메라, 재봉틀, TV, 오르간, 피아노, 자가용에 이르기까지 점차 단계가 높아졌다. 초등학교 시절 우리 동네 절반 이상의 집에 라디오가 없었다. 마을마다 유선으로 연결된 스피커만 달아주고 각 방송국의 뉴스와 인기 연속극 등을 듣게 해주는 사업자가 있었다. 우리는 그 집을 방송국이라고 불렀다. 봄에는 보리 한 말, 가을에는 나락 한 말을 시청료로 냈다. 방송 프로그램을 바꿀 때마다 안내해 주는 아가씨도 있었다. 손들기의 압권은 오르간과 피아노였다. 그런 악기가 있다고 손을 드는 아이에게 순간 모두의 시선이 집중됐다. 우리는 그 친구의 아버지가 육성회 이사가 되리라는 사실을 짐작할 수 있었다.

과수원, 방앗간, 술도가 등을 경영하는 사람들이 일반적으로 지역 유지 노릇을 했다. 주민 대다수의 직업은 농업이었고, 공무원도 드물게 있었다. 아버지의 직업을 무엇이라고 해야 할지 고민하는 아이도 있었다. 아, 지금도 분명하게 기억하는 일이 있다. 유난히 달리기를 잘하는 친구가 "아버지는 일이 있을 때는 나가시고 없을 때는 집에 계십니다. 우리 아버지 직업은 무엇인가요?"라고 물었다. 선생님은 망설이지 않고 '그건 막노동이야'라고 답했다. 순간 일그러지던 친구의 얼굴이 아직도 기억에 생생하다. 많은 선생님이 학급의 크고 작은 일들을 지역 유지 자녀에게 맡겼다. 상식 밖의 특혜를 누리는 아이들도 있었다. 지금 50대 이상의 사람들은 정도의 차이는 있지만 비슷한 경험을 공유하고 있다.

나는 부모 학력 조사 때는 늘 마지막에 묻는 '무학'에 손을 들어야 했다. 후에 '한학'이란 항목이 생겼을 때 엄청나게 기뻐했다. 아버지가 어느 정도까지 공부했는지는 중요하지 않았다. 아버지가 우리를 훈계할 때 자주 공자나 맹자, 명심보감 등을 인용했던 것만 기억한다. 가난한 수재들은 부모의 재산과 직업에 따른 차별에 대놓고 불만은 표하지 않았지만, 그런 과정을 지켜보며 '선택'받기 위해서는 어떤 조건을 갖춰야 하는지를 뼈에 새겼을 것이다. 헐벗고 굶주렸지만, 총명한 아이들은 이를 악물고 공부했다. 시험 점수만은 부모의 직업이나 재산이 개입할 수 없었기 때문이다. 교육을 통한 계층 이동에 대한 확신이 우리 사회를 활력에 넘치게 했다.

계층이동의 사다리가 무너지고, 공정한 경쟁이 사라졌다고 개탄하는 사람들이 많다. 대학입시에서도 가진 자의 자녀가 더 유리하다고 생각하는 학생, 학부모가 많다. 수많은 젊은이가 일용잡급직으로 떠돌며 아무런 희망도 없이 신음하고 있다. 오죽하면 명문대 출신보다는 결혼할 때 양갓집으로부터 집을 물려받거나 전셋집을 지원받는 자가 승자라고 말하겠는가. 그들은 좋은 직장을 구하기가 불가능에 가깝고, 집 없는 자가 월급을 모아 집 사는 일 역시 불가능하다며 어깨를 늘어뜨린다.

민주화가 진전된 이후에는 각종 시민단체의 활동이 두드러졌다. 조직을 이끌던 사람 상당수는 시간과 더불어 권력의 핵심부나 그 주변에 편입되어 권력의 시녀로 전락하는 경우가 많았고 지금도 진행 중이다. 출신 성분과 관계없이 기득권에 편입되고 완장을 차게 되면 이들의 사고는 급격히 경직된다. 그런 사람들 대부분은 자신이 속한 패거리의 이익을 위해서는 사생결단이다. 상부상조하며 동병상련하는 동지가 없으면 홀로 서기가 어렵기 때문이다. 지금 가장 무서운 자는 시류에 편승하여 위선으로 출세하고는 오만과 독선, 적반하장과 후안무치의 갑옷을 입고 정도와 상식을 무시하며 묵묵히 노력하는 사람들에게 좌절감과 박탈감을 안겨주는 사람이다. "가진 것 없어도 열심히 공부하고 노력하면 원하는 곳에 취직해 집 사고 처자식 부양하며 부모님도 봉양할 수 있었던 부모님 세대가 한

없이 부럽다. 라면과 김밥으로 배는 고프지 않겠지만, 흙수저는 영원히 흙에 묻혀 살 수밖에 없다. 우리 사회는 공정하지 않다"라고 말하는 그들의 탄식이 예사롭지 않다. 지금 우리는 어디로 가고 있는가.

깊어가는 이 가을에

"인생이란 누군가와의 만남으로 엮어지는 드라마를 닮았다. 그때 그 사람을, 그 책을 만나지 않았더라면 오늘 내가 이렇게 되어 있을 까닭이 없으리라 생각할 때, 그 만남을 그저 운명이라고만 치부해 버리고 지나칠 수는 없다." 이병주의 『허망과 진실』 서문에 나오는 구절이다. 1979년 가을 나는 병상에서 상, 하 두 권을 단숨에 독파했고, 이후 몇 차례 반복해서 읽었다. 참으로 오랜만에 책을 꺼내 밑줄 친 부분들을 다시 읽어 본다. "허망 그 자체가 진실을 본다는 것이 아니라 그와 같은 허망의 프리즘을 통하지 않곤 어떤 진실도 붙잡을 수가 없다. 허망하기에 진실이 아름답다는 것은 결코 역설이 아니다. 허망을 배운 사람은 이미 지옥을 보아버린 사람이나 마찬가지다. 그 허망을 뚫고 찾아낸 진실만이 지옥을 견디어 살 수 있는 유일한 방편이란 인식이 굳어 있는 것이다." 아직도 이런 구절을 보면 호흡이 빨라지고 알 수 없는 힘이 꿈틀거린다.

니체 편에 줄 친 부분도 다시 읽어본다. "사람은 탁한 강물이다. 이 탁한 강물이 스스로를 더럽히지 않고 받아들이려면 바다가 되어야 한다." 이병주가 뽑아낸 차라투스트라의 이 말을 몇 날 며칠 되씹고 곱씹기도 했다. "바다가 된 사람이면 초인이라 할 수 있지 않겠느냐"라는 말이 너무 좋아 홀로 감포 앞바다를 찾아갔던 일도 기억에 생생하다. 우리는 평생 수많은 사람과 만나고 헤어진다. 어떤 사람은 상당히 오랜 기간 동고동락했지만, 시간이 흐를수록 기억에서 지우고 싶다. 어떤 사람은 잠시 만나 공원의 벤치에서 자판기 커피 한 잔을 나눈 사이밖에 안 되지만, 생각할수록 가슴 저리고 간절히 보고 싶다. 위대한 열정, 위대한 정신의 만남은 인류사와 문화예술의 흐름을 바꾸기도 한다.

독일 헌법의 도시 바이마르에는 위대한 예술가의 우정도 있다. 요한 볼프강 폰 괴테와 프리드리히 실러는 1788년 어느 부인의 집에서 처음 대화를 나눴다. 이 만남을 통해 괴테는 궁핍한 생활을 하던 실러에게 예나 대학 역사학 교수 자리를 주선해 주었다. 그 후 어느 학술대회에서 만나 우연히 함께 길을 걸으며 장시간 대화를 나누다가 서로의 학문적 공통점을 발견했다. 두 사람은 자연과학의 세분된 연구 방법에 반대하고 통합적인 연구의 필요성에 공감했다. 그러나 자연을 어떻게 재현할지에 관한 방법론은 서로 달랐다. 괴테는 현실적인 체험에 근거해 자연을 재현할 수 있다고 봤다. 실러는 이념에 근거해 자연을 재현할 수 있다고 믿었다. 두 사람은 서신과 방문 대화를 통해 서로 격려하며 문학적 공동작업을 진행했다. 두 사람의 만남 이후 독일 고전주의는 무르익게 된다. 1799년 실러는 예나를 떠나 괴테가 있는 바이마르로 옮겼고, 이때부터 찬란한 '바이마르 황금시대'를 구가하게 된다. 두 사람은 독일예술의 중심인 바이마르 극장을 공동 운영하면서 작품 선정과 각색 논의 등을 같이 진행했다. 『빌헬름 텔』은 폭정에 저항한 스위스의 독립운동 이야기인데 괴테의 권유로 실러가 썼다. "진정으로 강한 자는 혼자일 때 가장 강합니다." 이 구절은 아직도 내 머리와 가슴에 온전히 남아 삶의 고비마다 내 신발 끈을 다시 조여 매게 한다. 1805년 실러가 45세로 세상을 뜨자 두 사람의 아름다운 우정과 생산적인 협력은 끝나고 독일 고전주의도 종언을 고하게 된다. 현재 바이마르 국립극장 앞에는 괴테와 실러가 마주 손을 잡고 있는 동상이 있다. 어떤 사람이 괴테에게 "당신과 실러 중에 누가 더 위대한 작가라고 생각합니까?"라고 물었다. "더 위대한 어느 한 사람보다는 누가 더 위대한지 모르는 두 사람이 있는 게 훨씬 더 낫지 않을까요?"라고 괴테가 답했다는 이야기가 전해진다.

'인생은 누군가와의 만남으로 엮어지는 드라마'라는 말을 다시 생각해 본다. 헬렌 켈러와 설리번 선생님, 단테와 베아트리체 같은 운명적인 만남은 어렵다. 그러나 가슴 뭉클한 감동을 주면서도 사람보다 더 강한 영향을 줄 수 있는 책을 만나는 것은 어렵지 않다. 마음먹고 손을 뻗기만 하면 도처에 좋은 책이 있다. 책은 행복감을 높여주고 술과 담배를 줄인다는 조사 결과도 있다. 좋은 책은 이 풍진 세상에서 가장 신뢰할 수 있는 삶의 등대다.

고향을 다녀와서

　설 연휴 동안 고향을 다녀왔다. 집에 돌아와 에리히 프롬의 『소유냐 존재냐』를 읽으며 고향의 의미를 다시 생각해 보았다. 고향은 내가 태어나 자란 곳이면서, 슬프고 아픈 경험들과 그립고 정겨운 기억을 소환하는 추억의 뿌리이기도 하다. 일반적으로 고향은 세월이 흐를수록 정서적, 정신적인 관념의 형태로 존재한다.

　에리히 프롬은 석가모니, 예수 같은 인류의 위대한 스승들은 '존재'를 중시하는 삶을 살았다는 점을 강조한다. "갈라진 벽 틈에 핀 꽃이여/ 나는 너를 그 틈에서 뽑아내어, 지금 뿌리째로 손안에 들고 있다"(테니슨) "눈여겨 살펴보니/ 울타리 곁에 냉이꽃이 피어 있는 것이 보이누나!"(바쇼) 영국의 시인 알프레드 테니슨은 꽃을 꺾어 손에 쥐어야 만족감을 얻게 되는 '삶의 소유 양식'을 노래했다. 일본의 하이쿠 시인 바쇼는 꽃을 바라보면서 그 꽃과 자신을 동등한 생명체로 간주하며 꽃과 일체화되기를 소망하는 '삶의 존재 양식'을 노래했다. 두 시인은 동서

양 세계관의 차이를 잘 보여 준다. 프롬이 말하는 '존재'란 "무엇을 소유하거나 탐하지 않고, 기쁨에 차서 자기 능력을 생산적으로 사용하면서 세계와 하나가 되는 그런 실존 양식"을 의미한다.

프롬은 존재 양식을 중시하는 사회는 '동사'를 많이 사용하고, 소유 양식을 중시하는 사회는 '명사'로 의사를 소통하는 경우가 많다고 지적한다. 소유 욕구가 커질수록 물품의 항목만큼 명사는 늘어난다. 물질문명이 위력을 발휘하면서 명사는 기하급수적으로 늘어났다. 새로운 물건, 상품을 손에 넣는 것에 행복감을 느끼는 소유 양식의 삶은 끊임없이 새로운 물건과 물질에 탐닉하게 한다. 산업 사회는 쾌락을 주는 물건을 많이 가질수록 더 충만한 행복감을 얻을 수 있다는 믿음을 유포시켰다. 존재 양식을 중시하던 동양도 산업화가 진전되면서 소유 양식을 중시하는 방향으로 빠르게 옮겨 갔다. 이제 사람들은 '내가 가지고 소비하는 것'에서 자신의 실체를 확인한다.

고향에 가서 잠시 머무르는 시간을 낭비라고 생각하는 사람들이 많다. 상당수의 사람은 그곳에서 무의미하게 보내는 시간을 다른 일에 바치면 훨씬 즐겁고 행복하겠다고 생각한다. 부모·형제, 친척, 친지 등을 만나 겪게 되는 어색함과 그 모든 불편함을 방법만 있다면 피하고 싶어 한다. 그들은 선물과 용돈을 드리기 위해 온갖 불편을 감수하며 찾아가는 것 자체가 너무 비생산적이라고 생각한다. 고향 방문에 들어가는 여비를 용돈과 함께 부모님 통장에 넣어드리고 그 시간에 해외여행을 가는 것이 서로에게 낫다고 생각하는 사람들이 늘어나고 있다. 고향 방문을 존재가 아닌 소유의 관점에서 바라보는 생각이다.

독일의 사회학자 울리히 벡은 "현대 유럽인은 자유를 선고받는 대신, 고향을 상실했다"라고 말했다. 이 말은 유럽뿐만 아니라 우리에게도 그대로 적용된다. 시골 고향 마을에서는 모든 사람의 말과 행동은 비난과 칭찬이 수반되는 관찰과 평가의 대상이었다. 시골 사람들은 사생활의 자유는 어느 정도 포기해야 하지만, 울타리가 튼튼한 공동체에 속해 있다는 정서적 안정감은 항상 강하게 가질 수 있었다. 도시인들은 서로의 삶에 간섭하지 않는 것을 불문의 미덕으로 간주하게 되었다. 현대인의 자유는 이렇게 고향을 상실한 대가로 얻은 것이다. 이 자유는 삶의 소유 양식에 근거하고 있다.

에리히 프롬은 존재 양식을 중시하는 삶을 살기 위해 인간이 가져야 할 여러 가지 자질을 제시한다. 그는 완전히 존재하기 위해서는 모든 형태의 소유를 기꺼이 포기할 마음을 가져야 하며, 가능한 한 탐욕과 증오, 그릇된 환상을 줄이라고 말한다. 그는 모든 생명체와 일체감을 느끼라고 충고한다. 자연을 정복, 지배, 착취, 약탈, 파괴하려는 목표를 버리고, 자연을 이해하려고 애쓰며 자연과 협동하려고 노력하라고 말한다. 고향은 마음을 편안하고 넉넉하게 해 주는 치유의 공간이다. 마을 앞 정자나무, 언덕 위 소나무, 겨울 강과 갈대밭, 강변의 미루나무는 언제나 우리를 울컥하게 한다. 고향은 존재의 거처다.

『유토피아』를 다시 읽으며

　영국의 정치가이자 법률가인 토머스 모어(1478~1535)는 세상의 부조리를 역설과 유머, 냉소로 비판한 인문주의자였다. 그는 해학이 넘치는 재담가이자 신랄하고 통렬한 언어로 서민의 가슴을 시원하게 해 준 탁월한 문장가이기도 했다. "결혼하고자 하는 처녀와 총각은 상대방 앞에서 홀딱 벗고 선을 봐야 한다. 말 한 마리를 살 때도 꼼꼼히 관찰하고 확인하는데, 좋건 싫건 평생을 함께 살아야 할 사람을 고르면서 얼굴만 보고 판단할 수는 없기 때문이다." 그의 정치적 공상 소설 『유토피아』에 나오는 이야기이다. 젊은 날 친구들과 이 책을 읽고 토론할 때, 우리는 젊은이답게 이 대목을 꺾쇠로 표시해 두거나 밑줄을 치며 낄낄거리며 웃었다. '발가벗은 몸'이란 몸매만 뜻하는 것이 아니고 얼굴만으로는 판단하기 어려운 정신세계나 지적인 수준, 가치관 등도 의미한다는 사실을 물론 알고 있었다. 예나 지금이나 사람을 뽑을 때는 언변과 외모만 봐서는 안 된다.

　고전이란 시간과 공간을 초월해 항상 현실적인 의미와 가치를 가지는 작품이다. 우리처럼 파란과 곡절이 많은 사회가 불후의 명작 『유토피아』를 주기적으로 다시 잡게 만든다. 토머스 모어는 1516년에 『유토피아』를 출간했다. 『유토피아』는 어원상 '존재하지 않는 장소'를 의미한다. 이 책의 원제는 『최상의 공화국과 새로운 섬 유토피아에 관하여』이며 2부로 구성돼 있다. 1부에서는 당대 사회의 참상을 고발하고, 2부에서는 유토피아의 생활 방식과 사회제도에 관해 들려준다. 500년 전에 나온 이 책이 오늘에도 생생하게 와 닿는 이유는 지금 우리 사회의 공정과 정의, 평등의 문제가 제대로 작동하지 않고, 부와 자본의 쏠림이 그 어느 때보다 심각해 청년과 서민의 꿈이 사라지고 있기 때문이다. 토머스 모어는 흉년은 기상재해이지만 그 참혹한 결과를 방지하지 못하는 것은 부자들의 탐욕 때문이라는 점을 지적한다. 그가 살던 시대나 지금이나 부자들의 곳간에는 그들이 다 못 먹고 썩히는 식량이 차고 넘친다. 그는 그런 사회를 바라보며 효율적인 분배 문제를 고심했다. 모어는 그가 생각하는 이상향을 '유토피아'를 통해 묘사하려고 했다. 그의 시대가 얼마나 불공정하고 불평등했으면 그런 이야기를 썼겠는가.

"10년마다 추첨을 통해 집을 바꾸며 산다." 『유토피아』를 다시 읽으며 오래 눈이 머문 구절이다. 어느 집권당 국회의원의 '아파트 환상' 발언 때문이다. 그 의원은 공공 매입 다세대 임대주택을 방문해 "아파트에 대한 환상을 버리면 임대주택으로도 주거의 질을 마련할 수 있겠다는 확신이 생겼다. 방도 3개가 있고 해서 내가 지금 사는 아파트와 비교해도 전혀 차이가 없다"라고 말했다. 그러자 "호텔 방 전세가 미래 주거라니 당신부터 호텔 방 전월 셋방에 들어가라" 등의 비난이 쏟아졌다. 또 다른 의원은 "국민 인식의 밑동이 무엇인지 알아볼 생각도 하지 않고 방 개수만으로 섣부른 판단을 내리는 지적 나태함"이라고 비판했다. 그 의원은 "더 암울한 것은 오랜 세월 축적돼 온 국민의 인식을 아무런 근거 없이 '환상이나 편견'으로 치부하는 고압적인 태도"라고 혹평하며 "민주화 세대가 누구보다도 전체주의적인 사고방식에 젖어 기본을 외면하는 것은 우리 현대사의 가장 큰 아이러니"라고 비판했다. 나는 누구의 편도 들고 싶지 않다. 어느 쪽도 아파트 없는 서민의 고충과 설움을 해결해 줄 수 있다고 믿지 않기 때문이다. 이런 발언과 논쟁을 보며 10년은 너무 길고 3년에 한 번씩 강남과 강북, 부자와 가난한 자가 서로 집을 바꿔 살아보면 어떨까 하는 엉뚱한 생각을 해 본다.

절대권력이 반드시 부패하듯이 극단적인 정의의 추구는 극단적인 불의를 낳는다. "완벽한 국가에서는 완벽한 법을 제정하는 일보다는 완벽한 법의 집행을 최상의 사람들에게 맡기는 일에 전력을 기울이지요"라는 구절에서 우리 사회의 다양한 갈등과 대립을 떠올려 본다. 그 어느 때보다 전문가가 필요하지만 믿고 맡길 전문가를 찾기가 어렵다. 유토피아는 어디에도 없는 섬이지만 동시에 어디에나 있는 섬이다. 그래서 우리는 없는 줄 알면서도 끊임없이 유토피아를 갈망한다. 『유토피아』의 구절이 절절히 와 닿는 오늘의 현실이 안타깝다.

'영끌과 티끌', '팬덤과 도그마'에 관한 단상

　미국 비디오 게임 유통업체 '게임스톱' 사례가 수많은 '영끌'들을 흥분시켰다. 공매도에 나섰던 헤지펀드가 엄청난 손실을 보고 개인투자자들이 승리했다는 이야기다. 불개미의 맹공으로 주가가 급등해 시간당 44억 원을 벌어 순식간에 돈방석에 올라앉은 어느 개인투자자의 기사를 보며 이 땅의 영끌들은 기대감에 부풀었지만, 최종 결말은 알 수 없다. 부동산과 주식에 '영끌 빚투'가 요원의 불길처럼 번지고 대박 스토리가 이어지면서 오랫동안 우리 의식 속에 금과옥조로 자리 잡고 있던 '티끌 모아 태산'이란 속담이 폐기될 위기에 처해 있다. 재래시장에서 콩나물값 일이백 원을 아끼려고 손을 발발 떠는 주부가 이제 칭찬의 대상이 되지 못한다. '영끌'의 안중에 '티끌'은 없고, 거리에는 '대박' 아니면 '쪽박'만 굴러다니고 있다. "네 시작은 미약하였으나 네 나중은 심히 창대하리라"는 성경 구절조차도 설득력을 잃고 있다. 처음이 미약하면 나중도 기대될 것이 없고, 시작이 거창해야 나중도 창대하게 되는 세상이다.

'영끌'이란 말은 '영혼까지 끌어모아'의 줄임말이다. 처음에는 젊은이들이 모든 수단과 방법을 동원해, 영혼까지 담보로 맡기고 주택 자금을 끌어모은다는 의미로 쓰였다. 지금은 모든 연령층에서 많은 사람이 주택과 부동산, 주식과 코인 투자를 위해 '영끌한다'. 전직 국토교통부 장관조차도 "영끌해서 집을 사면 큰 부작용에 부딪힐 수 있다"라고 말한 적이 있다. 이제 '영끌'이라는 말은 장관, 국회의원뿐만 아니라 모든 사람이 구사하는 보편적인 단어로 자리 잡게 됐다. '영끌'이란 말속엔 '기존의 방법으로는 길을 찾을 수 없다고 생각하는 사람들의 절망적인 몸부림, 막다른 골목'이란 뜻도 내포돼 있다.

우리 사회는 지금 독설과 독단, 극단이 지나치게 위세를 떨치는, 비정상적인 모습을 드러내고 있다. 정치와 종교에서 특히 심하다. 정치란 흙탕물에서 연꽃을 피워내는 종합예술이다. 서로 다른 정치적 야망을 품은 사람들이 정치적 이상을 구현하고 권력을 쟁취하기 위해 치열하게 투쟁하고 논쟁하면서도 상호 양보와 합의를 통해 결국은 한 송이 연꽃을 피워내야 한다. 불행하게도 우리 정치는 그렇지 못하다. 어느 한쪽에 줄을 서서 자신이 속한 패거리를 위해 상대를 적폐 세력으로 몰아붙이며 온갖 악담과 저주를 퍼부어야 한다.

팬덤(fandom)은 "광신자를 뜻하는 '퍼내틱(fanatic)'에서 유래한 '팬(fan)'과 '영지(領地)·나라' 등을 뜻하는 접미사 '덤(-dom)'의 합성어로, 특정 인물이나 분야를 열성적으로 좋아하는 사람들 또는 그러한 문화 현상"을 가리키는 용어다. 대중문화의 열렬한 '오빠 부대'가 팬덤의 시초로 여겨지는데 지금은 정치에서 더 많이 쓰이고 있다. '태극기 부대', '개딸', '문파' 같은 팬덤의 덫에 갇히면 객관적 사실은 중요하지 않고, 속한 무리의 주장과 믿음에 반하는 것은 모두 가짜 뉴스로 치부해 버린다. 팬덤 정치의 포로가 된 사람은 어떤 논리로도 설득할 수 없는 광신도와 비슷하다. 도그마(dogma)는 "이성적인 비판이 허용되지 않고 증명이 필요하지 않은 교리(教理)나 교의(教義), 독단적 신조"를 의미한다. 그래서 종교의 교리와 정치적 독단(political dogma)은 서로 궤를 같이한다. 팬덤과 도그마는 속성상 '이성'보다는 '감성'적 언어를 선호한다. 거기에 갇힌 사람들은 격렬하고 과격하며 후안무치와 적반하장격의 행동도 서슴지 않는다.

'이것 아니면 저것', '내 편 아니면 적', '대박 아니면 쪽박' 같은 이분법이 위세를 떨치는 사회에서는 상황을 지켜보며 합리적 대안을 찾으려는 사람은 무력감과 박탈감, 소외감을 느낄 수밖에 없다. 차근차근 다지면서 점진적으로 목적을 달성하는 방법은 여전히 존중받아야 한다. 상식과 이성, 합리적 사고에 근거해 현실을 인식하고, 아무 두려움 없이 다양한 주장을 할 수 있어야 하며, 서로 다른 목소리를 기꺼이 경청하는 분위기를 조성해야 하다. 건강한 사회를 위한 의식 대전환이 절실한 시점이다.

『도덕 감정론』을 다시 읽는 이유

　애덤 스미스는 『국부론』보다 17년 앞서 『도덕 감정론』을 썼다. 이 책은 『국부론』의 기초가 됐다. 모든 사람이 자신을 우주와 세상의 중심이라 생각하고 자기 이익만 추구한다면 타인과 더불어 살며 남을 행복하게 하는 도덕적 결정 따위는 할 수가 없다. 사람들이 오로지 일신의 영달과 치부, 명예만을 추구한다면 세상은 각박하고 삭막해질 것이고, 부패와 타락이 만연하게 될 것이다. 애덤 스미스는 사회가 그런 상태에 빠지지 않게 하기 위해서는 도덕적 결정이 중요하다고 했다. 그는 인간이 도덕적 결정을 내릴 때는 '공명정대한 관찰자(impartial spectator)'를 염두에 둔다고 했다. 누군가가 늘 자신을 내려다보고 있다고 상상하며 동정심과 양심의 조언에 따를 때가 많다는 것이다.

　『도덕 감정론』은 버락 오바마 전 미국 대통령이나 빌 게이츠 같은 사람들이 인생의 등불로 삼은 고전 중의 고전이다. 애덤 스미스 자신도 『국부론』보다는 『도덕 감정론』의 저자로 기억되길 원했다. 그의 말 대부분은 오늘의 우리에게도 그대로 적용된다. "정부에서 최고의 지위를 차지하려고 야심가들은 탈법적인 행위를 한다. 이들은 자신의 야심을 달성하기 위해 저지른 탈법적 행위에 대해서 나중에 해명을 요구받을 것이란 것을 전혀 두려워하지 않는다. 그래서 야심가들은 사기와 거짓말뿐 아니라 극악무도한 범죄까지도 저지른다. 그러나 야심가들은 성공하기보다는 실패할 때가 더 많으며 저지른 범죄에 상응하는 형벌을 받게 된다. 설령 야심가들이 탈법으로 부와 권세를 얻게 됐다고 해도, 그들이 원래 향유할 것으로 기대했던 행복은 누리지 못하고 실망하게 되며 매우 비참하게 된다." 정치, 경제, 문화 등 모든 분야에서 지금 힘 있는 자들에게 기생해 호가호위하는 사람들이 깊이 음미해 볼 말이다.

세상 많은 사람이 현재의 실력자에게 줄을 서고 그 앞에 고개를 숙인다. 실력과 자질, 자격을 갖추지 못한 사람은 요령과 편법, 때론 불법과 탈법적 방법을 써서라도 일단 어떤 자리를 차지한다. 자신이 저지른 행동을 합리화하고 망각하기 위해 엉뚱한 일을 벌이기도 한다. 그러나 자기 능력과 한계는 자신이 안다. 그런 사람들에게 애덤 스미스는 말한다. "탈법으로 성공한 야심가는 자신이 저지른 악행을 자신과 타인의 기억에서 지우기 위해 낭비하거나, 방탕한 쾌락에 탐닉하거나, 공공업무에 몰두하기도 한다. 그러나 자신이 저지른 악행은 절대로 잊히지 않고 그를 따라다니며 괴롭힌다. 그는 건망증과 망각이란 어둡고 우울한 힘에 의존해 보지만 허사이다." 도덕적이지 않은 행동으로 성공하기도 쉽지 않지만, 설령 성공한다고 해도 파멸할까 두려워 행복을 누릴 수 없다는 게 애덤 스미스의 충고이다. "야심가는 자신이 저지른 악행을 기억하고 있다. 그는 부끄러움과 양심의 가책이란 복수의 여신들 추적에 계속 은밀하게 시달린다. 영예가 사방에 에워싸고 있는 동안에도 자신은 음울하고 악취 나는 불명예가 자신을 빠르게 추적하고 있으며 곧 자신을 파멸할 것이란 두려움에 떤다. 위대한 카이사르도 자신의 호위병을 물리치고 움직일 정도로 배포가 컸지만, 자신의 의구심만은 떨쳐버리지 못했다."

부동산과 증권투자 등으로 하루아침에 벼락부자가 되거나 벼락 거지로 전락하는 요즘 자신의 일자리를 지키며 일상에 충실한 사람들은 엄청난 스트레스와 함께 가치의 혼란을 겪고 있다. 애덤 스미스의 말은 그나마 우리에게 위안을 주며 착잡한 마음을 가라앉혀 준다. "중산층 사람들이 부자가 되는 길은 도덕성을 쌓는 길과 일치한다. 중산층 사람들이 종사하는 직업에서 진실하고 신중하고 올바르고 꿋꿋하고 절제된 행동을 하는 사람 중에 성공하지 못하는 사람은 거의 없다. 가끔은 도덕적이지 않은 사람도 뛰어난 직업적 능력 때문에 성공할 수 있다. 그러나 습관적인 몰염치, 불의와 부정, 나약함, 방탕함을 저지르는 사람은 직업적 재능마저도 흐리게 하고 둔하게 만들어서 성공하기가 어려워진다. 중산층 사람들의 직업에서의 성공은 이웃과 동료들의 호의와 호평에 달려있다. 정직이 최선의 방편이란 오랜 속담이 중산층 계급 사람들에겐 진리이다." 200년도 넘은 애덤 스미스의 책을 다시 잡는 이유는 세상이 혼탁하지만 아직은 도덕적 인간과 정직한 삶을 신뢰하고 싶기 때문이다.

성탄의 기쁨이 온 누리에 가득 하려면

고향 마을에 조그마한 교회가 있었다. 인근 네 개 동네를 통틀어 하나밖에 없었다. 매일 새벽과 저녁에 종탑에서 종소리가 은은하게 울려 퍼졌다. 기독교 신자보다 불교 신자가 더 많았지만, 아무도 교회 종소리를 시끄럽다고 말하지 않았다. 마을 뒷산에는 절도 있었다. 사람들은 교회의 종소리와 절의 범종 소리를 같이 들으며 살았다. 교회의 종소리는 카랑카랑한 고음이어서 힘차게 새날을 여는 아침에 어울렸다. 저음의 범종 소리는 평안한 휴식과 마음의 평화를 느끼게 해 주어 저녁 시간에 듣기 좋았다.

마을 한복판에 있는 교회는 문화 공간 역할도 했다. 여름 성경학교와 성탄절에는 동네 아이들 대부분이 교회에 갔다. 성경학교의 다양한 프로그램은 문화 충격이었다. 절에 다니는 집 아이들도 성경학교에 갔다. 아이들은 맨 마지막에 주는 간식을 기다리며 청년 선생님이 가르치는 노래를 따라 부르고 성경을 암송했다. 성탄절에는 어김없이 연극을 했다. 초등학교 1학년 때 나는 아기 예수 역을 맡았다. 동년배의 다른 아이들보다 키가 작아 그 역을 주었을 것이다. 고교 1학년 누나가 성모 마리아 역을 했다. 연극 도중 누나가 나를 꼭 껴안았을 때의 그 달콤한 로션 향기와 말로 표현하기 어려운 야릇한 느낌을 지금도 생생하게 기억하고 있다. 조숙했는지는 모르겠지만, 그때 여성의 품을 처음 느꼈다고 말하고 싶다. 다른 장면은 생각나지 않는다.

눈을 감으면 아련하게 떠 오른다. 성탄 전야 교회 행사가 끝나면 청년들은 밤새 새벽송을 돌았다. 신자들 집 앞에서 크리스마스 캐럴과 찬송가를 부르면 교인들은 정성껏 포장해 둔 과자와 다양한 선물을 주었다. 우리는 신이 나서 언 손은 입김으로 녹이고 시린 발을 동동 구르며 돌아다녔다. 눈이 듬뿍 내린 화이트 크리스마스에는 들판과 논두렁을 뛰어다니며 신나게 눈싸움을 했다. 외딴곳에 홀로 사는 노인의 집 앞에서는 목청 높여 노래를 부르고, 다른 집에서 받은 선물을 섬돌 위에 몰래 얹어 놓고 나왔다. 부자 장로님 댁에 이를 때면 모두 들뜨고 신이 났다. 장로님은 떡국을 끓여 우리를 배불리 먹였다. 새벽 6시쯤 새벽송이 끝나면 각자 집으로 돌아가 정오 무렵까지 자고 교회에 나와 과자를 나눠 먹으며 파티를 했다. 동네 악동들이 사월 초파일에는 절에 가서 스님이 주는 떡을 맛있게 먹곤 했다. 나와 비슷한 경험이 있는 사람들은 훈훈한 인정이 넘치던 그 시절을 아직도 가슴 한쪽에 고이 간직하고 있을 것이다. 몇십 년 사이 세상은 너무나 많이 변했다. 사회 전 분야가 그렇듯이 교회도 빈부 격차가 극심하다. 대도시 일부 교회는 엄청난 부를 주체할 수 없어 끊임없이 문제가 발생하고 있다. 작은 개척 교회나 시골 교회는 견디기 힘든 고통을 감내하고 있다. 코로나19는 재정 상태가 좋지 않은 작은 교회를 거의 빈사 상태로 내몰았다.

코로나19가 유행할 당시 이런 생각을 했다. 예수님께서 지금 이 땅에 재림한다면 어떻게 할까. 코로나19로 고통받는 환자들과 그들을 돌보는 의료진을 먼저 위로하며 복을 줄 것이다. 그런 다음 사람들에게 간곡히 부탁할 것이다. "모이면 죽고 흩어지면 산다. 교회도 방역 당국의 지시를 철저하게 지키고 사회적 거리두기를 엄격하게 실천하라"라고 말할 것이다. 사람들의 손길이 미치지 않는 곳에 사는 헐벗고 굶주린 이웃에게 먹을 것과 입을 것을 주는 것이 곧 예수 당신을 접대하는 것이라고 힘주어 말할 것이다(마태복음 25장). 부처님도 자신에게 보시하지 말고 다른 사람에게 보시하면 그것이 곧 부처님 당신에게 보시하는 것과 같다고 하지 않았는가(방등경). 예수의 말씀이나 석가모니의 설법이 결국은 똑같다는 사실을 우리는 잘 알고 있다.

기쁜 성탄이다. 산타의 썰매가 겨우 지나갈 정도로 좁고 구불구불한 길 위로 함박눈이 펄펄 내리는 외딴 마을을 떠 올려 본다. 한없이 평화롭고 고요한 풍경 속에 잠겨있는 나지막한 시골 교회나 성당의 첨탑에는 아기별 하나가 사랑을 실천하러 온 예수님을 기다리며 반짝반짝 빛나고 있을 것이다. 굵직한 사건들에 파묻혀 세상의 관심 밖에서 외롭고 쓸쓸하게 이 겨울을 버티고 있는 사람들에게 성탄의 기쁨과 신의 은총이 가득하길 기원해 본다.

햄릿과 돈키호테

셰익스피어와 세르반테스는 동시대 작가로 살다가 1616년 4월 23일 같이 세상을 떠났다. 이날이 바로 '세계 책의 날'이다. 그들은 비슷한 시기에 위대한 두 작품을 출판했다.『햄릿』을 쓴 셰익스피어는 큰 고생하지 않고 작품 활동을 했다.『돈키호테』를 쓴 세르반테스는 감옥과 노예 생활 등을 겪으며 비극적으로 살았지만, 낙천적인 작품을 남겼다. 19세기 러시아 문학의 거장인 투르게네프는 두 작품의 유사점과 차이점을 분석했다. 우유부단한 사색 형을 일컫는 '햄릿형'과 저돌적인 행동형을 말하는 '돈키호테형'이라는 인간 유형은 투르게네프의 분류에서 유래되었다.

햄릿은 철저하게 이기적이고 회의론자다. 그의 머릿속은 언제나 자신의 문제로 가득하며 항상 자신을 질책하고 감시한다. 그는 자기 내면을 주시하는 것에서 만족을 얻는다. 그는 무슨 일에서나 주저하며 항상 우유부단에 대한 핑계와 구실을 찾는다. '햄릿형'은 일반적으로 뛰어난 통찰력과 지각 능력을 갖추고 있으며 사색적이다. 실천력의 결여로 세상과 사람들에게 기여하는 바가 별로 없다는 것이 문제다. 돈키호테는 진리와 정의를 위해서는 목숨까지도 바칠 각오가 되어 있는 이상주의자다. 그에게 자기 자신을 위해 산다는 것은 치욕이다. 이웃과 형제를 위해 살며 악을 근절하는 것이 자신의 소임이라고 생각한다. 그는 확고부동한 신념을 가지고 있기 때문에 모든 행동에 거침이 없고 어떤 경우에도 주저하지 않는다.

　어느 시대, 어느 사회에서나 '햄릿형'과 '돈키호테형' 인물이 공존한다. 시대가 처한 상황에 따라 어느 한 유형이 더 필요한 인물형으로 부각된다. 투르게네프가 살던 19세기는 행동하는 지성이 절실하던 시대여서 그는 '돈키호테형'을 높이 평가했다. 우리 사회도 반독재 민주화 운동을 하던 시절에는 억압받고 핍박받는 민중을 위해 몸을 던지는 행동파 지성인을 원했다. 역사는 돈키호테형이 더 요구되는 시대라 할지라도 반드시 햄릿형이 있어야 한다는 사실을 보여준다. 그 역도 마찬가지다. 어느 한쪽이 극단으로 흐르지 못하도록 상호 견제와 균형이 필요하기 때문이다. 지금 우리 사회에는 두 유형의 인물 군상들이 국가와 민족을 위해 상호 견제하며 조화로운 균형을 유지하지 못하고 있다. 이론에 밝고 공부는 많이 했지만 소심하고 이기적이며 매사에 냉소적인 햄릿형과 제대로 깊이 있게 공부하지 않아 세상 물정은 모른 채 무조건 행동부터 하고 보는 어설픈 돈키호테들이 우리 사회 도처에 차고 넘친다. 투르게네프가 분석하여 분류한 두 유형의 인간형과는 또 다른, 변형되고 일그러진 햄릿과 돈키호테들이 사생결단으로 싸우며 서로 목청을 높이고 있는 것이 우리의 현실이다.

교육자이자 정신분석학자인 브르노 베텔하임은 '전체주의는 개인 불안의 반영'이라고 했다. 현대사회에서 대부분 개인은 불안하다. 집단과 개인의 안전. 자녀 양육, 생계와 노후 등 모든 면에서 불안하다 보니 전체주의적인 사고방식이나 행동에서 심리적 소속감과 안정감을 얻으려는 경향이 강하다. 태극기와 각종 깃발, 촛불을 든 사람들의 의식 근저에는 비슷한 심리가 작용한다. 각자가 기대고 싶은 집단과 대상이 다를 뿐이다. 나치 수용소에서 2년을 보내고 난 뒤 베텔하임은 "환경이 이상해지면 전혀 예상할 수 없는 행동이 나온다."라는 결론을 내렸다. 그는 수용당한 사람뿐만 아니라 친위 대원의 행동 양식도 환경이 결정하는 것이라고 말했다. 그는 "나라면 절대 그런 짓은 하지 않는다."라는 말을 해서는 안 된다고 했다. 환경은 사람의 인격을 바꿀 수 있기 때문이다. 그는 "인격을 파괴하기 위한 환경이 만들어질 수 있다면, 그 반대 또한 가능하다."라고 말했다.

38세의 뉴질랜드 젊은 여성 총리 재신더 아던은 총기 테러로 비탄과 고통에 빠진 무슬림들에게 히잡을 쓰고 다가가서 "여러분이 바로 우리다."라는 말로 위로하며 그들을 껴안았다. 그녀는 공감과 사랑, 진실과 진정성, 상호 존중과 연대가 어떻게 사회를 통합하고 상처를 치유하는가를 모범적으로 보여 주었다. 그녀의 내면에서 얼마나 많은 햄릿과 돈키호테가 갈등했을까를 생각하며 우리 사회로 시선을 돌려본다.

예의, 염치와 배려

영국의 극작가 버나드 쇼가 쓴 희곡 『피그말리온』은 오스트리아 빈에서 초연된 이래로 세계 도처에서 대성공을 거두었다. 영국에서도 초연은 대성황을 이뤄 흥행에 성공했다. 건방진 독설가인 쇼는 자기 작품이 처음 무대에 올려지던 날 윈스턴 처칠에게 짤막한 편지를 보냈다. "윈스턴 처칠 귀하, 귀하를 위하여 저의 첫 공연 표 두 장을 남겨 놓았습니다. 친구가 있으면 같이 오셔서 보시지요." 처칠 역시 짤막한 답장으로 응수했다. "버나드 쇼 귀하, 첫 번째 공연은 갈 수가 없습니다. 만약 두 번째 공연이 있게 되면 참석하겠습니다." '당신 같은 사람에게 친구가 있겠는가?'라고 빈정대는 쇼의 모욕적인 언사에 처칠은 '당신 공연이 두 번째까지 가겠는가?'라며 쇼의 자존심을 자극하는 말로 응수한 것이다. 거친 설전이 오가지 않아도 짧게 툭 던지는 말속엔 촌철살인의 가시가 내포되어 있다. 사람들의 눈살을 찌푸리게 하는 천박한 말은 보이지 않는다.

지혜로운 왕이 있었다. 하루는 민심을 알고 싶어 평민 복장을 하고 신하 몇 명만 데리고 궁궐 밖으로 나갔다. 마을과 장터 등 여기저기를 둘러보다가 사람들의 왕래가 잦은 거리에 다다랐다. 밤이 깊어지길 기다려 사람들의 왕래가 끊어지자, 왕은 신하들에게 길바닥에 두 사람이 들기 어려운 커다란 바위를 놓게 시켰다. 아침이 되자 사람들이 하나둘 지나가게 되었다. 어떤 장사꾼은 큰 바위를 보고 "아침부터 재수 없게 돌이 길을 막고 있네!"라고 불평하며 바위를 피해 돌아갔다. 잠시 후 서둘러 가던 포도청 관원은 "어떤 놈이 이렇게 큰 돌을 길 한복판에 두었지? 잡히기만 해봐라, 작살을 낼 테다" 하고는 씩씩거리며 지나갔다. 한참 후 어떤 젊은이는 돌을 힐끔 보더니 아무 말 없이 그냥 빠른 걸음으로 지나가 버렸다. 점심때 어떤 농부가 수레를 끌고 그 길을 지나가게 되었다. 그는 돌 앞에서 걸음을 멈추고 "이렇게 큰 돌이 길 한복판에 있으니 오가는 사람들이 얼마나 불편할까?"라고 말하며 수레를 지렛대로 활용하여 돌을 길가로 밀어냈다. 돌이 있던 자리에 비단 보자기가 있었다. 보자기를 펼쳐보니 왕이 쓴 친필 편지와 금 100냥이 있었다. "이 돈은 바위를 치운 그대의 것이다. 남을 배려할 줄 아는 그대가 자랑스럽다"라고 적혀 있었다.

지금 우리의 마음속에는 타인을 귀하게 여기고 존중하며, 상대의 불편을 먼저 살피는 배려의 마음이 있는가. 비꼬고 냉소하는 말을 던질 때조차도 슈와 처칠처럼 상징과 함축으로 말의 품위를 유지하는가. 컬럼비아 대학교 MBA 과정에서 유수 기업

CEO들에게 '당신이 성공하는데 가장 큰 영향을 준 요인은 무엇인가?'라고 질문했는데, 응답자의 93%가 능력이나 기회, 운이 아닌 '매너'를 꼽았다고 한다. 인류 역사는 굵직한 사건을 중심으로 기록되고 있지만, 그 사건을 둘러싼 이해 당사자들의 사소한 작은 일이 사건의 방향을 바꾼 일이 허다했다.

선거가 있을 때마다 우리는 각 후보의 말과 행동을 눈여겨본다. 말이 거칠고 험하며, 상대에 대한 기본적인 예의와 염치가 없는 사람은 국가 경영에 대한 비전과 전략이 아무리 그럴듯해도 국민은 선뜻 선택하기를 망설인다. 치열하게 경쟁해도 선거가 끝나면 협치를 실천해야 한다. 협치가 이루어지려면 서로가 상대에 대한 예의와 배려의 마음을 가져야 한다. 마음에 들지 않는다고 벌 떼처럼 달려들고 SNS로 협박하고 조롱하는 일이 거듭 되풀이되고 있다. 이런 행동은 적개심만 부추긴다. 내가 지지하는 쪽이 성공하길 바란다면 반대편을 존중하는 자세가 필요하다.

이긴 자는 진 자의 쓰린 마음을 진심으로 헤아려 주려고 노력해야 한다. 승자가 자기도취에 빠져 패자를 배려하지 않는 풍토도 우리 사회가 해결해야 할 적폐다. 매너와 배려는 적의 마음도 열게 하는 신비한 힘을 가지고 있다. 우리 사회가 조금씩 업그레이드되려면 '말의 품위와 예의, 염치, 배려의 마음 가지기 범국민운동'을 전개할 필요가 있다.

마침내 다시 오월

　계절의 여왕 오월이다. 자연의 모든 것이 빛나고 어떤 것도 거슬리지 않는다. 바람은 포근하고, 하늘은 눈부시게 파랗지만 시리지 않다. 직사의 햇살도 가리고 싶지 않고, 바늘 같은 솔잎조차 아가의 살결처럼 부드럽다. 오월은 감사와 축복의 달이다. 어린이날, 어버이날, 스승의 날은 생각만으로도 가슴이 뭉클해진다. 코로나 때문에 지난 세 번의 오월은 제대로 향유할 수 없었다. 아이들은 맘껏 풀밭을 뛰어다니지 못했고, 놀이공원에도 가기 어려웠다. 어버이날, 스승의 날에도 그립고 고마운 사람과 한자리에 모이기 어려웠다. 비대면의 시간은 한없이 힘들었지만, 가정의 소중함과 혈육의 정을 절실히 깨닫게 해주었다. 어느 분이 올해는 멀리 떨어져 있는 자녀들을 다 불러 같이 식사하고 예전에 자주 불렀던 「즐거운 나의 집」을 합창하고 싶어 식구 수대로 악보를 복사해 두었다고 했다.

　「즐거운 나의 집(Home Sweet Home)」을 작시한 존 하워드 패인은 미국 뉴욕주 롱아일랜드 이스트 햄프턴에서 태어났다. 그는 13살 때 어머니를 잃었다. 아버지마저 세상을 떠나자, 가족은 뿔뿔이 흩어졌다. 그는 객지를 떠돌면서도 항상 고향 오두막집에서의 추억을 되새기며 유년의 따뜻한 보금자리를 그리워했다. 30대에 파리에서 살 때 그는 혹독한 가난에 시달렸다. 어느 추운 겨울날 길을 가다가 거실에 둘러 앉아있는 행복한 가족의 모습을 불 켜진 창 커튼 사이로 보았다. 그는 나도 저런 가정이 있으면 좋겠다고 생각했다. 그 순간의 울컥한 기분이 '아무리 초라해도 내 집만 한 곳은 없다.'라는 가사를 쓰게 했다. 작곡은 영국의 헨리 비숍이 했다. 비숍은 기사 작위를 받았고 옥스퍼드대학 교수로 패인과는 대비되는 행복한 삶을 살았다. 패인은 평생 가족도 없이 떠돌다가 아프리카 튀니스의 어느 후미진 길거리에서 고독하게 객사했다. 사후 31년이 지나 미국 정부는 "내게 돌아갈 가정은 없지만 고향 공동묘지에라도 묻히게 해주오."라는 그의 유언에 따라 유해를 본국으로 운구했다. 대통령과 상원의원을 비롯해 수많은 시민이 나와 그의 귀환을 환영하며 조의를 표했다. 죽어서야 아늑한 잠자리를 구한 그의 묘에는 '아름다운 노래로 미국을 건강한 나라로 만들어 주신 존 하워드 패인. 편안히 잠드소서.'라고 적혀 있다. 링컨 대통령 부부가 특히 이 곡을 좋아했다. 대통령 아들이 11살 나이에 열병으로 죽자, 이 곡을 반복해 연주해달라고 했다는 일화가 있다.

    미국 남북전쟁 당시 가장 치열했던 버지니아주 레파하녹크 리버 전투에서 북부연합군 1만 2천 명, 남부 연합군 5천여

명의 사상자가 나왔다. 양 진영은 강을 사이에 두고 대치했다. 낮엔 치열하게 전투를 벌였지만, 밤엔 병사들의 사기를 위해 매일 음악회가 열렸다. 어느 날 밤 북군군악대가 「성조기의 노래」를 연주하자, 남군군악대는 「딕시의 노래」로 대응했다. 이어 북군 연합밴드가 「즐거운 나의 집」을 연주했다. 특히 한 병사의 하모니카 연주가 지치고 불안한 병사들의 가슴을 파고들었다. 밤의 대기를 타고 강 건너 남군 병사들에게도 그 애절한 멜로디가 전달됐다. 이윽고 남군군악대도 같은 곡을 연주하기 시작했다. 양 진영 군인들은 막사에 머물러 있을 수가 없었다. 남북군 병사들은 강물에 뛰어들어 헤엄쳐 다가가 함께 부둥켜안고 눈물을 흘리며 「즐거운 나의 집」을 합창했다. 서로 증오하며 싸우던 그들은 가족과 고향을 그리워하며 또 평화와 사랑을 갈구하면서 24시간 휴전했다. 이 광경을 지켜본 종군기자 프랭크 막심이 "모두 미쳤다"라고 외쳤다는 기록이 전해진다. 「즐거운 나의 집」이 유행하자 엄마들은 아들이 무사히 귀환하길 바라며 'Home Sweet Home'을 자수로 새겨 아들 방에 걸어 놓았다고 한다. 지금, 이 순간에도 수많은 분쟁 지역과 전쟁터에 아들과 남편을 보낸 부모와 아내의 마음 역시 같을 것이다. 드니프로강을 사이에 두고 대치하고 있는 우크라이나와 러시아 병사들이 강으로 뛰어들어 서로 얼싸안고 합창하게 하는 노래는 없을까.

    가정은 완전히 긴장을 풀고 모든 부담을 내려놓을 수 있는 안식처이자 세상 살아갈 힘을 주는 에너지 공급원이다. 가족이

도란도란 둘러앉은 식탁에서는 바깥세상의 위선과 가식, 허세는 사라지며 큰 사람은 작아지고 작은 사람은 커지게 된다. 비바람이 휘몰아치는 칠흑 같은 밤에도 초롱불을 들고 가장 먼저 마중 나와 주고, 가장 멀리까지 배웅해 주는 사람, 그게 가족이다. 모처럼 맞는 온전한 오월이다.

춘일서정

단독주택으로 이사 오고 10년 남짓한 세월이 흘렀다. 작은 마당에는 무화과나무, 감나무, 대추나무 등이 자리를 잡았고 크고 작은 꽃들도 저마다 당당한 자태로 철 따라 피고 진다. 4월의 화단이 연중 가장 보기 좋다. 하루가 다르게 쑥쑥 솟아오르는 모습은 바라보기만 해도 힘을 준다. 마당엔 식물만 사는 것이 아니다. 우리 집 화단은 이사 오던 해부터 동네 고양이들의 휴식처이자 흙을 파고 볼일을 보는 장소다. 길고양이도 더불어 살아야 하는 생명이라 생각하고 큰 불평 없이 모든 것을 허용해 주었다. '조르바'라는 이름을 붙여준 고양이는 지난해 구내염에 걸려 고생하다가 가을에 죽었다. 그 녀석과 같이 놀던 고양이도 지난겨울부터 병에 걸려 피골이 상접할 정도로 야위었다. 사료를 먹지 못해 참치를 먹었다. 이 녀석도 얼마 전에 죽었다. 길고양이는 죽는 모습을 보이지 않는다고 하는데 이 녀석은 새싹이 돋아나는 꽃밭 폭신한 흙 위에서 생을 마감했다. 나는 부드러운 종이로 사체를 감싸 처리했다. 참치 통조림도 그 곁에 넣어주며 명복을 빌었다. "길고양이로 태어나 눈칫밥 먹고 산다고 애쓰고 수고했다. 다음 생엔 인간 세상 부잣집 막내딸로 태어나 귀염받고 살아라." 길고양이를 보내고 이런저런 생각에 잠기다가 나도 모르게 불쑥 '춘래불사춘'을 되뇌었다.

기원전 202년 천하를 통일한 한 고조 유방에겐 두통거리가 있었다. 북방 유목민 흉노족이었다. 노략질을 일삼는 흉노족을 토벌할 수 없었던 유방은 그들과 불평등조약을 맺었다. '한나라 공주를 흉노 왕에게 시집보낸다.'는 조항도 있었다. 정략적으로 흉노에게 시집가는 공주를 '화번공주'라 불렀다. 기원전 33년 한나라 11대 황제 원제 때 흉노 왕 호안야가 화번공주를 요구했다. 원제에게는 수천 명의 후궁이 있었다. 원제는 화공에게 후궁들의 초상화를 그려오게 해 잠자리를 같이할 여인을 고르기도 했다. 원제는 화공의 그림 중에 가장 추한 후궁을 골라 흉노에게 보내기로 했다. 왕은 흉노에게 보낼 화번공주로 선정된 여인의 실물을 보고 기절초풍했다. 추녀가 아니라 천하일색의 미인이었기 때문이다. 이 여인이 바로 중국 4대 미인으로 꼽히는 왕소군이다. 원제의 후궁들은 왕에게 간택 받기 위해 초상화를 아름답게 그려 달라고 화공에게 뇌물을 바쳤다. 왕소군은 가난해 돈이 없었고 미모에 자신도 있어 뇌물을 주지 않았다. 왕소군이 흉노 왕과 떠나는 모습을 보고 원제는 화가 나서 화공 모연수를 참형에 처했다. 왕소군은 고국으로 돌아오지 못하고 오랑캐 땅에서 쓸쓸하게 죽었다. 우리가 자주 언급하는 '춘래불

사춘(春來不似春)'은 그녀의 슬픈 사연을 한탄한 당나라 시인 동방규가 쓴 시 「소군원」에서 나왔다. "오랑캐 땅에는 꽃과 풀이 없으니/ 봄이 와도 봄 같지 않구나." 그녀는 흉노족에게 직조와 농업기술 등을 전했고 화친의 목적도 달성해 시집간 후 60여 년 동안 전쟁이 없어 흉노 백성들로부터 많은 사랑을 받았다고 한다. 인간 세상에 슬픈 사연의 한 많은 인물이 왕소군뿐이랴.

우리를 슬프게 하는 일들이 너무 많다. 빌라 주택 화재로 나이지리아 국적 4남매가 목숨을 잃은 사건을 잊을 수 없다. 코리안드림을 꿈꾸며 이주한 사람들이 사는 열악한 환경이 빚은 비극이다. 한국식 상복을 입고 눈물을 흘리는 아이들 엄마의 모습을 차마 바로 볼 수가 없었다. 안산에 사는 나이지리아 국적 주민들은 아프리카 전통 추모곡을 함께 부르며 아이들을 보냈다. 영혼을 신에게 부탁하면서 이승에서 잘 살아준 고인들에게 감사함을 전하는 내용이다. 하늘나라에선 부디 행복하길 빈다.

생의 허무를 가장 화려하게 상징하는 벚꽃이 거의 다 졌다. 꽃비가 쏟아지는 거리를 걸으며 어느 선배 시인이 "봄 오니 까닭 없이 서럽고 울고 싶다"라고 했다. 벚꽃은 왜 이리도 급하게 왔다 가는가. 봄의 성미가 너무 급해졌나. 최근 몇 년간 모든 봄꽃이 차례를 기다리지 않고 한꺼번에 폈다가 지고 있다. 좀 느긋하게 즐기면서 음미할 여유를 주지 않는다. "봄에는/ 혼자서는 외롭다, 둘이라야 한다, 혹은/ 둘 이상이라야 한다// 물은 물끼리 흐르고/ 꽃은 꽃끼리 피어나고/ 하늘에 구름은 구름끼리 흐르는데// 자꾸만 부푸는 피를 안고/ 혼자서 어떻게 사나, 이 찬란한 봄날// 그대는 물 건너/ 아득한 섬으로만 떠 있는데" 이수익 시인의 「봄날에」 전문이다. 그래, 혼자서 어떻게 사나, 혼자만 살아서 뭐 하나, 이 눈부신 봄날에.

3부

국밥 욕보이지 말라

국밥 욕보이지 말라

　오후 마지막 시간에 예고된 용의 검사가 있었다. 그 전날 소여물을 끓인 후 물을 데워 때를 불리고는 돌멩이로 손등을 문질렀다. 워낙 켜켜이 쌓인 때라서 한꺼번에 제거하기가 사실 불가능했다. 오히려 생선 비늘이 곤두선 것처럼 때가 터실터실 일어났다. 손과 목의 때, 치아 관리 상태가 용의 검사의 주된 항목이었다. 여학생은 머리의 청결 상태와 이가 있는지가 추가됐다. 우리는 용의 검사 시작 전에 옷소매로 이빨을 문지르고 손등에는 침을 발랐다. 습기가 있는 동안은 허옇게 일어난 때가 눕기 때문에 얼핏 보면 표시가 나지 않았다. 그닐은 운이 나빴다. 선생님은 두 팔을 머리 위로 들어 올리게 해 침을 못 바르게 했다. 남학생 절반 이상이 손과 목의 때 때문에 운동장을 다섯 바퀴 돌았다. 여학생 10여 명도 머리가 불결하거나 이가 있다고 남학생과 같이 뛰었다. 운동장을 달리면서 배가 고팠다. 그래도 그날은 방과 후 즐거운 일이 있어 별로 힘들지 않았다. 문중계를 하는 친척 집에 가면 밥과 떡을 먹을 수 있기 때문이었다. 노곤한 몸을 이끌고 논두렁 지름길로 그 과수원집에 도착했다. 늘 그렇듯이 마당 가마솥에는 소고깃국이 펄펄 끓고 있었다. 엄마는 나를 사과 궤짝에 앉히고는 커다란 그릇에 국을 퍼 담고 밥을 한 주걱 넣어 주었다. 아, 지금도 그 국밥 맛을 잊을 수 없다. 초등학교 때 있었던 일이다. 나의 유난한 국밥 사랑은 그때 시작됐지 싶다.

국밥이란 국에 밥을 넣고 말아먹는 음식이다. 순대국밥, 콩나물국밥, 돼지국밥, 소고기국밥 등 종류가 수없이 많다. 기본 내용물은 비슷하지만, 지역마다 들어가는 재료는 조금씩 차이가 있다. 국밥의 유래에 대해서는 다양한 설이 있다. 하루에 많은 거리를 이동해야 하는 보부상들이 짐을 보관하고 시간을 아끼기 위해 주막이나 간이식당에서 먹는 한 끼 식사였다는 설명이 설득력 있다. 설명이 없어도 국밥은 시간을 절약하면서 한 끼를 때우는 간편식이라는 사실을 우리는 경험으로 잘 알고 있다. 물건을 팔면서 동시에 끼니를 때워야 하는 시골 장터, 같은 시간대에 많은 사람이 한 끼를 해결해야 하는 송진회, 야유회, 운동회 등에서 국밥은 아주 편리한 메뉴였다. 국밥은 속성상 서민적일 수밖에 없다. "양반은 밥을 말아 먹지 않는다"라는 말이 있다. 돈과 여유가 있는 사람이 왜 품위 없이 어디 쪼그리고 앉아 국밥을 먹겠는가.

정치 지도자들이 민생 행보를 할 때 재래시장이나 뒷골목 등을 찾아 길거리 음식을 자주 먹는다. 단골 메뉴는 국밥과 국수다. 서민 코스프레로 이미지 메이킹을 하기 위해서다. 선출직에 출마한 후보들이 선거 운동 기간에는 느긋하게 밥 먹을 시간이 없고, 또한 시간이 표이다 보니 보수든 진보든 진영에 상관없이 국밥이나 김밥 같은 간편식을 즐겨 먹는다. 오가는 유권자를 많이 만난다는 이점도 있다. 민생 행보나 선거운동에서는 그렇게 하는 것이 이해되고 크게 눈에 거슬리지도 않는다. 그러나 국밥 먹는 장면을 두고 서로 비난하는 눈꼴사나운 모습을 보면 정말 화가 난다. 여야 정치인 누구든 상시로 국밥을 먹을 수밖에 없을 정도로 가난한 자는 아무도 없다. 그들 대부분은 일반 국민의 상상을 초월하는 재산을 가지고 있다. 선거철에 유난히 서민 코스프레를 많이 하는 사람치고 정작 필요할 때 서민을 위하는 사람은 별로 없다. 그래서 더 역겹다. 일단 당선되기만 하면 유권자는 안중에 없다는 사실을 국민은 너무나 잘 알고 있다. 그러니 대의민주주의란 '대표가 시민의 의사를 배신하는 대리 정치'라는 말까지 나오는 것이다.

"국밥을 먹으며 나는 신뢰한다/ 국밥을 먹으며 나는 신뢰한다/ 인간의 눈빛이 스쳐간 모든 것들을/ 인간의 체온이 얼룩진 모든 것들을/ 국밥을 먹으며 나는 노래한다// 오오, 국밥이여/ 국밥에 섞여 있는 뜨거운 희망이여/ 국밥 속에 뒤엉켜 춤을 추는/ 인간의 옛추억과 희망이여" 김준태 시인의 「국밥과 희망」 1, 2연이다 이 땅의 여야 정치인들여, 국밥 많이 드시라. 이 시도 찾아 처음부터 다시 읽어보시라. 서민이 재래시장이나 난

전에서 눈물을 반찬 삼아 먹는 국밥을 정치에 이용하는 당신들은 국밥뿐만 아니라 서민도 우롱하고 있다는 사실을 기억하라. 부탁하노니, 어설프게 연출된 사진과 공허한 말장난으로 더는 국밥을 욕보이지 말라.

지도자와 스토리텔링 능력

노력에 상응하는 보상이나 보람이 있다면 힘겨운 노동이나 수고가 사람을 쓰러지게 하는 경우는 드물다. 풍성한 수확을 생각하며 낮 동안 최선을 다한 농부에겐 저녁 시간이 달콤하고 어둠조차 축복이 된다. 오늘의 삶이 충만하고 꿈이 있는 사람은 내일을 즐거운 마음으로 기다린다. 새날은 새로운 도전의 시간이기 때문이다.

우리는 때로 "우리에게 희망이 있는가?"라는 자조적인 질문을 던진다. 마음이 답답할 때 우리는 누군가를 붙잡고 이야기히고 싶고, 내 속마음을 털어내 놓고 싶다. 그런데 우리가 밤낮으로 접하는 이야기의 상당 부분은 악에 받친 고함이거나 그 어떤 생산적인 담론도 가로막는 냉소와 저주의 말들이다. 국민은 지금이 다소 힘들고 고통스럽더라도 믿고 의지할 수 있는 누군가로부터 밝고 긍정적인 이야기를 듣고 싶어 한다. 우리는 희망을 이야기하는 사람, 진부한 말 대신 참신하고 새로우면서 지혜로운 말을 해주는 사람을 고대하고 있다.

심리학자이자 교육학자인 하워드 가드너는 인류학자 마가렛 미드처럼 기존의 지배적인 이야기에 대항하여 새로운 관점을 내놓는 사람이 진정한 리더라고 했다. 미드는 당시까지의 통념을 무너뜨리고 '미개'에 대한 인식의 변화를 끌어냈다. 리더는 '새로운 이야기'로 사람들의 가치관 변화를 유도해 내야 한다. 가드너는 리더란 믿고 신뢰할 수 있는 '스토리텔러'란 점을 강조한다. 사람들의 생각이나 태도, 관점을 바꾸게 하기 위해서는 마음의 변화를 일으키도록 이야기해 주어야 한다. 전문 지식에 식견과 지혜를 더 보태 사람들이 감동할 수 있도록 이야기를 각색해 낼 수 있는 사람이 국민에게 꿈과 희망을 줄 수 있는 리더가 될 수 있다. 위대한 정치가는 위기 국면에서 국민을 움직이도록 이야기를 할 수 있는 사람이다.

가드너는 국민을 성공적으로 변화시킨 인물로 영국의 마거릿 대처 수상을 꼽았다. 하원의원이었던 그녀는 1979년 '영국은 길을 잃었습니다.'라는 슬로건을 내 걸고 보수당 당수가 되었다. 그녀는 단순하면서도 강력한 인상을 줄 수 있는 이야기를 했고, 언행이 일치하는 행동으로 국민의 지지를 얻었다. 그녀는 선배 수상 채덤 백작이 했던 "나는 이 나라를 구할 수 있는 사람이 나 외에 아무도 없다는 사실을 잘 알고 있습니다." 같은 확신에 찬 말, "노동은 고장 중" 등과 같이 단순하면서도 정곡을 찌르는 말로 국민의 마음을 움직였다. 마거릿 대처는 쟁점을 정확하게 분석하여 한쪽으로 논쟁이 집중되도록 지도력을 발휘했다. 대처는 실업률과 노동쟁의, 인플레이션 등의 수치를 정확하게 파악하여 논쟁에 적극적으로 활용했다. 그녀는 자신의 메시지를 전파하고 실행하기 위해 설득할 수 있는 대상을 상대로 적극적으로 동조하게 하는 능력을 갖추고 있다. 그녀는 쉽고 호소력 있는 이야기, 무엇보다도 진심과 진실성이 느껴지는 이야기로 사람들에게 다가갔다. 그녀는 원칙이 정해지면 자신의 이야기에 동조하면서 능동적으로 참여하는 사람에게는 당근을 주었고, 반기를 드는 사람에게는 채찍으로 다가갔다. 이런 단호함이 먹혀들기 위해서는 국민에게 무한 신뢰를 얻어야 한다.

그녀는 포클랜드 전쟁 때도 신중론을 물리치고 단호하게 대처해서 승리했다. 전사자 250여 명의 유족에게는 여름휴가도 반납한 채 직접 진심 어린 감사의 편지를 썼다. 단호함의 이면에 있는 따뜻한 모성애가 빛났다. 그러기 때문에 강력한 리더십을 발휘할 수 있었다. 대처는 영국병을 치유하는 과정에서 강력하고 거대한 노동조합과 싸워야 했지만, 사람들에게 신뢰를 얻고 자신감을 심어주는 이야기로 가슴속의 거센 저항도 녹여냈다. 우리는 변명하거나 강변하지 않고 납득하기 어려운 일의 자초지종과 전후 과정, 결과, 문제점 등을 차근차근 설명해 주는 다정다감하고 친절한 지도자를 갈망하고 있다. 국가든 개인이든 대화가 단절되면 온갖 억측과 가짜 뉴스가 활개를 치고, 양식 있는 국민은 정치에 등을 돌리게 된다. 가슴속 깊이 스며들어 긴 여운을 남기는 밝고 따뜻한 이야기가 아쉬운 요즘이다.

말의 오염과 국가 경쟁력

요란하게 거리를 떠도는 말들이 우리의 심기를 몹시 심란하게 한다. 대로 양 끝에서 외쳐대는 분노의 고함 때문에 길 중간 지점이나 골목길에서 조용하게 담소를 나누기가 어려운 세상을 살고 있다. "정치 언어란 거짓말도 진실처럼 들리게 하고, 살인도 당당하게 보이게 하고, 공기조차도 움켜잡을 수 있는 것처럼 보이게 한다"라고 한 조지 오웰의 말이 크게 와닿는다. '분노'가 개인의 삶과 역사를 변화시키는 동인으로 작용한 사례는 많다. 해방 이후 극심한 혼란과 격동의 시대를 거쳐 오면서 우리의 크고 작은 정변에는 민중의 분노가 체제 변혁의 직접적 동인으로 작용한 경우가 많았다. 어느 시대나 정치 지도자들은 민중의 분노에 편승하거나 그것을 이용하여 정치적 이상과 야망을 실현하려는 경향이 강하다. 문제는 분노의 범람과 과잉이 핵심 쟁점과 본질을 놓치게 할 수 있다는 것이다.

뒤틀리고 왜곡된, 합리성을 상실한 분노는 불신과 증오를 증폭시켜 사태 해결에 역기능으로 작용하는 경우가 많다. 우리 사회 모든 분야에 만연해 있는 조롱과 냉소, 혐오의 말들 근저에는 부추겨지고 조작된 분노가 자리 잡고 있다. 그 분노가 들끓는 거리에는 대화와 타협, 배려와 양보보다는 근육질의 논리와 주장, 아우성이 상식과 순리를 압도했고, 지금도 그 상태가 유지되고 있다. 이런 상황이 일상화된 곳에서는 소수의견이 보편적 의견으로 비약되고, 비전문적 아마추어리즘이 전문적 프로페셔널리즘을 무력화하여 사회 모든 분야에서 품격과 품위, 질을 떨어뜨린다. 우리 사회에 가득한 분노와 증오를 유발하는 에너지가 건전한 비판, 정당한 문제 제기, 대안 도출을 위한 방향으로 옮겨가지 않는다면, 국민은 아무 실익도 챙기지 못한 채 다양한 이익집단의 끝없는 정쟁에 이용당하게 될 것이다. 사회적 갈등과 대립은 대화와 토론을 통해 해결해야 한다. 작금의 정치판을 바라보면 어느 쪽이나 품격과 품위와는 거리가 멀다. 차별화된 철학이나 지혜도 없다. 오만과 독선, 독소가 가득한 독버섯 같은 말들뿐이다. 양식 있는 국민들은 바닥 민심은 파악하지 못한 채 대안도 없이 거리를 헤매는 태극기 부대 같은 우파에 절망하고, 자신들만이 옳다고 주장하는 오만하면서도 타락한 좌파에 실망하고 있다. 천박한 정치적 구호와 내용 없는 장광설에 진저리가 난 국민은 허망한 말의 성찬보다는 생각할 수 있는 여지와 여운을 남기는 말을 기대하고 있다.

앤디 워홀은 팝 아트계의 전설적인 인물이자, 시각예술 운동가다. 『라이프』지는 그를 비틀스와 함께 1960년대의 가장 영향력 있는 인물로 선정하기도 했다. 그는 자기 작품을 친절하게 설명하지 않았다. 인터뷰해도 애매모호한 말만 한다고 했다. 사람들이 그에 대해 질문하면 "나를 알고 싶다면 작품의 표면만 봐주세요. 뒷면에는 아무것도 없습니다."라고 답했다. 그는 철저하게 표면을 강조했다. 그러나 사람들은 작품의 뒷면, 그가 하는 말의 이면에 뭔가 대단한 것이 숨어 있다고 생각하여 그 의미를 찾아내려고 노력했다. 그는 "사람이란 말 없이 가만히 있을 때 힘을 가진다"라고 했다. 조용히 상황을 주시하며 침묵하거나, 말을 하더라도 그냥 몇 마디만 수수께끼처럼 툭툭 던질 때, 사람들은 그 속에 뭔가 심오한 철학이 있다고 생각한다. 일반적으로 사람들은 그런 화법에 매료된다. 많은 사람이 선문답 같은 말들을 그리워하는 이유를 정치권은 곰곰이 생각해 보길 바란다.

정치는 말과 타이밍이 절묘하게 결합할 때 빛나는 종합예술이다. 정치가의 말엔 원칙의 나열보다는 구체적인 수단이 담겨 있어야 한다. 국민은 그들이 소망하는 것들에 대한 해결책을 담고 있는 진실한 말을 기다린다. 군중의 심리 밑바닥에 자리 잡고 있는 감성을 자극하여, 그들의 분노와 증오심으로 집단적 광기를 증폭시키며 극단적인 막말을 확대 재생산해서는 안 된다. 천박한 언어는 사람의 심성을 황폐하게 만들며 영혼을 병들게 한다. 높은 단계의 민주화란 정치적 수사학의 진화를 의미한다. 정치인들이 함부로 내뱉는 오염된 말들이 국민의 정신을 병들게 하고 국가 경쟁력을 떨어뜨린다.

먼저 죽을 각오가 되어있는가

　모리타 아키오 소니 사장이 1956년 자사가 개발한 트랜지스터라디오를 가지고 뉴욕에서 라디오 판매상을 만났다. 판매상은 소니 브랜드로는 많이 팔리지 않을 것이니 자기네 브랜드를 붙이면 10만 대를 주문하겠다고 말했다. 당시 그 주문량은 소니 총자본의 몇 배에 해당하는 엄청난 물량이었다. 그때만 해도 일본 제품은 싸구려로 인식되고 있었다. 모리타는 브랜드 조건 때문에 판매 상담을 중지하고 도쿄 본사와 상의 했다. 브랜드 문제는 회사가 성장하고 난 후로 미루고, 지금 당장은 자금 사정이 어려우니 주문 기회를 놓치지 말아 달라는 것이 본사이 견해였다. 모리타는 고심 끝에 비록 소량이라도 소니 브랜드를 붙일 수 있는 주문만 응하기로 했다. 그때 그는 소니를 반드시 유명 브랜드로 키우겠다는 결심을 했다. 회사의 사활이 달린 상황에서 그는 단기적 대량 매출의 유혹을 버리고 장기적 비전을 중시했다. 그것이 소니 성장의 토대가 되었다.

　소니는 결국 세계 정상에 올랐다. 은퇴 회견에서 소니를 위해 내린 가장 자랑스러운 의사결정이 무엇이었느냐는 질문을 받았을 때, 그는 대량 주문의 유혹을 물리치고 브랜드를 고수한 것이었다고 말했다. 그가 걸어 다니며 음악을 들을 수 있는 워크맨을 만들려고 할 때도 직원들은 그런 제품은 팔리지 않을 것이라며 반대했다. 외부 전문가에 의뢰한 시장조사 결과도 좋지 않았다. 그때 그는 새로운 아이디어를 얻기 위한 시장조사라는 것이 어리석은 짓일 수 있다고 말했다. 그는 새로운 아이디어와 성공의 원천은 직관력과 결단력이라고 믿었다. 그는 3만 개 이상 팔리지 않으면 회장직을 내놓겠다고 말했다. 워크맨은 출시 3년 만에 300만 개를 돌파했고, 총 3억 개 이상을 팔았다.

화약을 생산하는 미국의 종합화학회사 듀폰사의 경영 수칙에는 이사회와 사장단의 사무실은 폭약고가 자리 잡은 건물 내에 배치한다는 규정이 있다. 그것이 바로 듀폰사에서 사고가 발생하지 않는 이유다. 베이징 대학의 디테일경영연구소장 왕중추가 쓴 『퍼펙트 워크』에 나오는 이야기다. 왕중추는 '열심히 일하지 말고, 완벽하게 일하라'고 말한다. 그는 완벽하게 일하는 것을 가로막는 가장 큰 장애물은 바로 사람, 우리 자신이라고 지적한다. 완벽을 위한 핵심 사항은 사람의 태도와 습관이라는 점도 강조했다. 책임감, 노력, 자긍심, 성실, 섬세함과 집중은 완벽을 위한 과정과 그 결과 모두를 좌우하는 항목이다.

지금 우리를 힘들고 답답하게 하는 것은 정치와 행정, 경제다. 우리가 한 가닥 희망을 품을 수 있게 해 주는 것 또한 정치와 행정, 경제다. 지금 정치판의 모습은 국민을 분노케 할 뿐만 아니라, 우리에게 미래가 있는가를 반문하게 할 정도로 실망스럽다. 모리타가 목전의 대량 판매를 포기하고 소니라는 브랜드를 부여잡고 그 가치를 키워 세계 최고의 기업을 만들었듯이, 국민은 자신의 정치적 신념과 소신을 확고하게 유지한 채, 국가와 국민만 생각하며 묵묵히 앞으로 걸어가는 정치인을 보고 싶어 한다. 지금 정치판에서는 판매량만 늘일 수 있다면, 다시 말해 공천을 받고 유권자의 표만 얻을 수 있다면, 자신의 정체성이나 신념 같은 것은 아무 의미가 없다. 이 모든 과정을 지켜보는 젊은이들이 이들에게서 무엇을 배울 것인가. 국민은 집 걱정과 가계부채, 자녀 취업 문제 등으로 밤잠을 설치고 있다. 지금 이 나라의 정치와 행정, 경제를 이끌어가는 사람들은 일이 잘못되면 자신이 제일 먼저 죽겠다는 자세로 일하고 있는가?

왕중추는 완벽하게 일하는 것을 방해하는 것은 나쁜 습관들이 주된 요인이라고 지적한다. 중복, 방심, 생략, 부시, 회피 등을 그 예로 들고 있다. 우리는 여기에다 갑질과 무사안일도 보태야 한다. 인사혁신처가 직무태만 등 소극적 행정을 뿌리 뽑겠다며 '공무원 징계령 시행규칙' 개정안을 만들어도 아무 소용이 없을 것이다. 정치와 행정, 경제를 이끌어가는 사람들이 투철한 사명감과 책임감을 느끼지 않으면 백약이 무효다. 국민은 책임 있는 자들 스스로가 가장 위험한 화약고 건물에 기거하며,

일이 잘못되면 먼저 죽겠다는 각오로 난국 타개를 위해 솔선해 주길 기대하고 있다.

봄날의 아름다운 정원을 꿈꾸며

"너희들은 사랑스럽지만 공허해. 너희를 위해 죽으려는 사람은 아무도 없을 거야. 물론 그냥 지나가는 사람이라면 내 장미가 너희들과 똑같다고 생각하겠지. 하지만 내 장미는 너희들 모두를 합쳐놓은 것보다 더 중요해. 내가 물을 주었으니까. 내가 유리 덮개를 씌워줬으니까. 내가 바람을 막아줬으니까. 불평할 때도 자랑을 늘어놓을 때도 심지어는 아무 말을 하지 않을 때도 내가 귀를 기울여 주었던 장미니까. 바로 내 장미거든" 생텍쥐페리의 어린 왕자가 장미들에게 하는 이야기다. 어린 왕자는 자기 장미가 수많은 다른 장미보다 중요하고 특별하다고 말한다. 이유는 그 꽃을 자신이 선택했고, 그것을 위해 많은 시간을 보냈기 때문이라고 말한다. 어린 왕자는 자신이 선택하고 길들인 것들에 대해서는 책임을 져야 한다고 강조한다.

로버트 차알디니는 『설득의 심리학』에서 '한 번 선택한 것은 버리기가 아깝다.'라고 말한다. 그가 말하는 '일관성의 법칙'이란 한 번 선택하면 끝까지 옳다고 합리화하려는 사람의 본능을 이용한 법칙이다. 대부분 사람은 일단 선택하고 나면 그것이 옳지 않다고 해도 그것에 맞추어 자신을 합리화하고, 계속해서 그것을 버리지 못하고 빠져들게 된다. 특정 연예인에 빠진 청소년들은 그 연예인이 사회적 물의를 일으켜 잘못이 밝혀져도 계속해서 좋아하고 지지하는 경향이 있다. 종말론을 신봉하던 사람들은 그 종교가 정한 종말일이 지나 종말이 오지 않아도 더욱 그 종교를 옹호한다. 자신의 믿음이 무너져 내리는 것을 감당하기 어렵기 때문이다. 지금 우리나라에는 '일관성의 법칙'에 깊이 빠져 있는 사람들이 너무 많다. 정치적 신념과 관계될 때 사람들은 자신이 선택하고 지지하기 때문에 특정인을 목숨 걸고 지켜야 한다고 생각한다. 그들은 '일관성의 법칙'에 광적으로 충실하다. 생각이 다른 사람들에게 가하는 문자 테러 등이 그것을 잘 말해주고 있다. 정치지도자는 자신의 지지자들이 맹목적으로 남을 비난하고 욕하며, 문자 메시지와 말로 행하는 테러에 소극적으로 대처해서는 안 된다. 당장은 세를 불리고 사람을 모으는 데 도움이 될지 모르지만, 궁극적으로는 자신도 그런 것에 당할 것이기 때문이다.

정치, 경제, 문화, 외교 등 모든 분야에서 한쪽을 무조건 지지하는 사람들이 우리 사회를 위기로 몰아넣고 있다. 그들에게는 성장과 발전을 위한 변증법적 토론, 실체적 진실, 타협과 협상 같은 말이 먹혀들지 않는다 극단에 서 있는 사람들은 모든 분야에서 부정적인 것들만 들추어내어 불만과 불안을 생산한다. 우리 주변에는 비관과 불안의 메시지를 생산하는 사람들의 목소리가 지나치게 높다. 그들은 도약과 발전을 위한 분위기 쇄신에는 소극적이다. 팩트와 진실이 외면당하고 불안과 불만이 제대로 관리되고 통제되지 않는 사회는 희망이나 꿈, 이상 같은 말들이 들어설 여지가 없다. 정치 지도자를 꿈꾸는 사람이나 사회 변혁을 꿈꾸는 사람 모두 현실을 직시해야 한다. 지금 내우외환의 위기에 처해있는 한반도는 구한말의 상황과 다를 바가 없다. 미일중러는 전에 없이 강경한 자세로 우리를 깔보며 위협하고, 경제는 출구가 보이지 않는 불확실성의 터널 속에서 헤매고 있는데도 정치권은 정당과 정파, 패거리의 이익에만 골몰하고 있다. 이를 바라보는 국민들은 분노에 뒤따르는 절망감을 추스르지 못하고 있다. 밑도 끝도 없는 갈등과 분열은 모든 생산적 에너지를 고갈시킨다.

    장미 한 송이만으로는 아름다운 정원을 만들지 못한다. 내가 선택한 장미와 남이 선택한 장미, 그리고 다른 꽃들이 '따로 또 같이' 적당한 간격을 유지하며 어우러질 때 정원은 정원다워진다. 여야 정치인들과 이 땅의 모든 사람은 사리사욕 때문에 꽃을 심을 꽃밭 자체를 황폐하게 만드는 우를 범해서는 안 된다.

샤덴프로이데와 정의사회 구현

장희빈만큼 사극의 주인공으로 자주 등장하는 인물은 별로 없다. 내용을 빤히 알고 있지만, 다양한 버전의 장희빈에 사람들이 열광하는 이유는 무엇일까. 목적 달성을 위해 물불을 가리지 않는 그녀의 야망과 야심이 볼만하기 때문이다. 그러나 사람들은 최고의 위치에 오른 그녀가 실제로는 얼마나 나약한 존재인가를 확인하면서, 그녀가 처참하고 허무하게 몰락해 가는 과정을 보며 말할 수 없는 쾌감을 느낀다. 그래서 장희빈의 하이라이트는 단연 사약을 마시는 장면이다. 팝가수 브리트니 스피어스나, 술과 마약에 씨든 청춘스타 린제이 로한 같은 여성 스타들의 몰락은 일반적으로 대중의 폭발적인 관심을 끈다. 언론 또한 여성 스타들의 탈선과 망가짐에는 유난히 흥분하며 잔인한 쾌감을 부추긴다.

'남의 불행에 대해 갖는 쾌감'을 독일어로 '샤덴프로이데(schadenfreude)'라고 한다. 잘나가던 사람이 몰락하고, 잘난 척하던 유명인이 추락하고, 예쁘고 콧대 높은 여자가 불한당을 만나 사랑에 속고 돈에 우는 모습을 보며 사람들은 쾌감을 느낀다. 심리학자 리처드 H, 스미스 교수가 쓴 『고통의 즐거움(우리 번역으로는 쌤통의 심리학)』은 그 이유를 잘 설명해 준다. 우리 모두 인정하고 싶지 않지만, 우리 내면에는 '남의 불행은 곧 나의 행복'인 심리가 있는데 이것이 바로 샤덴프로이데라는 것이다. 그는 잘나가는 사람에 대한 질투는 그가 실패하고 추락하는 순간 쾌감으로 돌변한다고 말한다. 나의 노력으로 얻은 성취감으로 자존감을 얻을 수 있다면 가장 좋지만, 그게 여의찮을 때 우리는 타인의 불행을 은밀하게 찾아 나선다는 것이다.

　샤덴프로이데는 악마적인 즐거움이다. 그것은 자신의 영혼을 팔아 타인의 영혼의 파멸을 사는 행위이기도 하다. '사촌이 논 사면 배 아프다'는 속담도 샤덴프로이데와 비슷한 심리 상태다. 이 책은 타인의 불행, 고통, 실패, 패배, 심지어 죽음에 이르는 것들을 접했을 때 느끼는 즐거움, 통쾌함, 기쁨들에 숨겨진 인간 심리를 잘 분석해 주지만, 그 모든 것을 그대로 받아들일 수는 없다. 권선징악의 관점에서는 악인이 망하고, 처벌받고, 다치는 것을 보면 통쾌할 수 있다. 그러나 선의의 경쟁자가 당하는 불행까지 기뻐하는 것이 인간의 본성이라고 받아들일 수는 없다.

　2017년 표창원 더불어민주당 의원이 기획한 시국 비판 전시회에서 에두아르 마네의 나체화 「올랭피아」에 대통령의 얼굴을 넣어 풍자한 「더러운 잠」이 논란을 불러일으킨 적이 있다.

탄핵은 여성으로서 저지른 잘못이 아니라, 대통령으로서 잘못한 행위를 문제 삼고 있다. "예술인의 건전한 시국 비판은 존중받아 마땅하지만, 정도를 넘어선 행위는 분노를 부추기는 선동이고 표현의 자유를 빙자한 인격 살인 행위와 다를 바 없다"며 그 반대편은 반발했다. 정치인의 발언에 귀 기울일 사람은 별로 없다. 그런데도 이 말만은 공감을 얻었다.

일부 언론은 조윤선 전 문체부 장관의 구속 전후 얼굴 사진을 비교하며 '너무 다른 조윤선의 화장 전후 모습' 같은 제목으로 외모에 초점을 둔 기사를 쏟아냈다. 이는 '젠더 기득권'을 쥔 남성들의 언어폭력이고 인권 살인이다. 「더러운 잠」과 같은 비본질적인 문제는 맹목적인 적개심과 분노를 야기 시켜 논점을 이탈시키고, 결국은 특정 세력의 이익에 악용될 수 있다는 점을 잊어서는 안 된다. 인간은 상대의 불행을 두고 기뻐했던 마음을 부끄럽게 여기는 존재이기도 하다. 우리는 타인의 성공과 성취를 진심으로 축하하면서 동시에 타인의 불행에 깊은 연민을 느끼는 심성도 길러야 한다.

치졸한 복수심, 악담과 악플, 악의적인 풍자가 범람하는 곳에는 정의나 신뢰가 깃들 수가 없다. 연민과 동정, 사랑과 용서의 마음이 동시에 작동하지 않는 정의 사회 구현은 허망한 구호에 불과하다. 지금 우리는 인간 감정의 어두운 본성이 너무 쉽게 드러나두록 방치하는 세상을 살고 있다.

위기 극복의 정치

정치의 영역은 '진리'를 실현하는 장이 아니라, 다양한 '의견'이 펼쳐지고 수렴되는 장이다. 절대라는 이름의 진리는 정치를 망가뜨리는 반정치적 요소다. 진리를 실현해야 한다는 사명감에 불타는 정치가에게 정치적 장이란 일방적으로 그 진리를 선포하고 관철하는 공간이다. 그에게 설득하고 토론하고 합의하는 과정이란 근본적으로 불필요하고 무의미한 일이 된다. 그런 상황이 바로 '정치의 종식' 상태다. 정치가 정치답게 되려면 정치적 현장은 다양한 의견의 경쟁장이 되어야 한다. 한나 아렌트의 사상에 근거하여 김선욱이 쓴 '정치와 진리'에 나오는 내용이다.

소크라테스가 모함으로 죽은 것에 환멸을 느낀 플라톤은 정치는 철학자에게 맡겨야 한다고 주장했다. 초월적 진리인 이데아를 인식한 철학자가 그 진리를 실현하는 수단으로 정치를 이용해야 한다고 생각했다. 그는 개성의 표출로서의 의견 제시는 진리를 모르는 자들이 내는 소음이라고 생각했다. 아렌트는 이 견해에 반대했다. 정치는 다양한 의견이 서로 겨루며 개성을 뽐내는 장이다. 그녀는 서로 다른 개성을 가진 의견들이 진리의 이름으로 억압당할 때, 정치는 죽고 전체주의가 시작된다고 했다.

사리사욕과 탐욕 때문에 눈이 먼 대통령 최측근이 저지른 국정농단을 두고 국민은 서로 편이 갈라져서 사생결단의 세(勢) 싸움을 전개했다. 태극기를 흔드는 쪽에서는 지속적인 경제 발전과 국가안보를 위해서는 대통령의 처신과 행동에 다소 문제가 있다고 해도 탄핵은 안 된다고 주장했다. 그들은 촛불을 치켜든 사람들을 종북좌파라고 매도했다. 촛불을 든 쪽은 상대를 꽉 막힌 수구로 몰아붙이며 경제 민주화, 정경유착의 청산, 법치에 의한 정의 사회 구현이 경제와 안보를 위하는 길이라고 생각했다. 그들은 국정농단 주역들과 그 부역 세력들을 반드시 단죄하고 척결해야 한다고 주장했다.

국가적 위기 앞에서 양쪽이 토해내는 극단적인 주장과 행동을 보면 집단 코미디를 연상하게 했다. 태극기와 촛불은 때로 상황을 희화화하는 도구로 악용되고 있다는 느낌을 주었다. 양쪽은 사심을 버리고 태극기와 촛불을 한 번 바라볼 필요가 있었다. 태극기는 국민의 안위와 안보의 중요성을 상징하고, 촛불은 밝고 정의로운 사회를 상징한다. 결국 두 쪽은 같은 지향점을 향해 가고 있다. 다만 접근 방법에서 크고 작은 차이가 있을 따름이다. 어느 쪽이든 자기주장이 '절대 진리'라고 고집해서는 안 된다. 언론은 양쪽이 더욱 극단으로 치닫도록 부추겨서도 안 되었다. 현대사회에서 시민의 올바른 판단에 결정적으로 영향을 미치는 것이 언론이다. 언론이 편향된 시각으로 현실을 재단하고 정략적인 의도를 품고 여론을 조작할 때, 사회 구성원들의 분열과 갈등은 증폭된다. 진보 성향의 매체든 보수 성향의 매체든 각자가 차지한 기득권을 유지하고자 지역성, 편파성, 증오심에 근거하여 양산하는 기사와 논평은 독자를 향한 언어폭력이고, 국가 발전을 가로막는 사회적 흉기다.

한나 아렌트는 인간의 근본악에 대한 지성적 성찰을 통해 근본악을 극복할 수 있는 인간의 정치적 행위능력을 되살리려고 노력한 철학자였다. 한나 아렌트는 히틀러가 시키는 명령을 '모범적으로 준수'하여 수많은 유대인을 학살한 아이히만 재판을 지켜보고 『예루살렘의 아이히만』을 썼다. 그 핵심적 내용은 우리에게 많은 것을 시사해 준다. 아이히만은 명령을 집행하는 역할에 충실하여 별 죄의식 없이 수많은 유대인을 학살했다. 아렌트는 아이히만에게서 '생각의 결여'와 '판단의 불능'이라는 문제점을 찾아냈다. 이 말은 이 땅의 보수, 진보 진영 모두에게 해당한다. 태극기와 촛불 집회에는 일방적인 선포와 주장만 있지 깊은 사유에서 나오는 냉정한 판단은 없었다. 그들은 서로 경멸하고 조소하면서 분노를 동력으로 삼아 서로를 향해 돌진하기만 했다. 정치는 '진리'가 아닌 '의견'의 영역이고, '절대적'이 아닌 '상대적'인 영역이다. 서로 다른 견해를 경청하며 토론과 설득, 합의를 통해 국가적 위기를 극복하고 국민에게 꿈과 비전을 제시해 주는 정치 풍토의 조성이 시급한 시점이다.

공멸을 막고 발전하려면

　　변화론자와 안정론자는 근본적으로 관점이 다르다. 변화론자들은 안정이 정상적이라 보지 않고 변화 자체가 정상이라고 말한다. '미래와 그 적들'을 쓴 버지니아 포스트렐은 "변화론자들은 저절로 생기는 질서의 힘을 믿고 실험과 피드백을 믿고 복잡한 문제를 해결하는 진화의 힘을 믿고 중앙에서 군림하는 지식의 한계를 믿고 진보의 가능성을 믿는다. 그들은 일상생활의 미세한 결에서 감흥을 받고 현대 세계의 구석구석에서 발견되는 독창성과 다양성에서 자극을 얻는다"라고 말한다. 변화론자들은 어떤 사람에게 최선인 길이 다른 사람에게 반드시 최선의 길이 아니라는 사실을 받아들인다. 그들은 삶의 다양성을 헤아리고 인정한다. 변화론자들은 일탈이나 비판도 학습 과정에서 꼭 필요한 부분임을 인정한다. 변화론자들은 선택과 경쟁, 비판으로부터도 배울 수 있다고 믿는다. 변화론자들은 과정을 중시하며 실천과 시도를 통해, 때론 실패를 통해서도 배우는 것이 중요하다고 생각한다. 변화론자들은 혼란과 혼돈, 불확실한 세계를 자연스러운 발전 과정으로 받아들인다. 포스트렐을 읽어 나가다 보면 "복잡함과 번잡함이 미래를 지배하면 할수록 어두운 미래를 점치는 사이비 학자들의 목소리가 더욱 높아지게 될 것이다"라고 경고하는 대목에서 잠시 책을 덮고 오늘 우리 사회를 바라보게 된다.

지금 보수나 진보 모두가 근본적인 변화를 갈망하는 것처럼 보이지 않는다. 자기들의 확보된 지분과 몫은 온전히 손대지 않고 나머지 부분에 대해서만 변화를 요구한다. 진정한 변화와 개혁을 위해서는 먼저 나의 기득권부터 포기해야 한다. 한국의 진보와 보수는 그런 생각이 없다. 철천지원수처럼 싸우다가도 공동의 몫을 지키기 위해서는 언제라도 의기투합한다. 이 과정에서 소외된 소수는 사생결단의 자세로 항변하고 저항한다. 그래야만 존재감이 드러나고 남은 것의 일부라도 챙길 수 있기 때문이다. 그런 기득권 싸움에서 죽어나는 것은 그들이 보호한다고 떠드는 서민들과 사회적 약자들이다. 그래서 국민들은 타락한 보수에 절망하고 세상 물정 모르는 진보에 등을 돌리는 것이다.

지금 우리는 서서히 물이 데워지고 있는 냄비에 들어있는 개구리와 같다. 지금 정신 차리고 현실을 냉정하게 직시하지 않으면 서서히 뜨거워져서 결국에는 죽는 줄도 모르고 죽을 수 있다. 티핑 포인트(Tipping point)란 소리소문없이 확산하는 무언가로 인해 어느 순간 극적인 변화와 상황이 연출되는 것을 말한다. 이 말은 1970년대 미국 북동부에 살던 백인들이 도시로 밀려드는 흑인들을 피해 어느 순간 모두 교외로 빠져나가는 현상을 말하는 도시인구 사회학 용어다. 학자들에 따르면 특정 지역에 이주해 오는 흑인들의 숫자가 그 지역민의 20%를 넘게 되는 시점에서는 거짓말처럼 거의 모든 백인이 한순간에 그 지역을 이탈하게 된다고 한다.

불안과 절망감은 희망보다 전염성이 강하다. 작은 불안과 불만들이 유통되다가 어느 시점에 이르면 모든 것을 휩쓸어 버리는 태풍으로 변한다. 그때는 손을 쓸 수 없고 써 봐도 아무 소용이 없다. 정치와 경제, 시장은 구성원들이 추구하는 공통의 가치에 대한 상호 공감을 통해 꿈과 이상을 실현한다. 인간 세상의 모든 변화는 마음의 공감에 의해 촉발되고 완성된다. 분열과 갈등, 냉소와 편 가르기만 있고 미래지향적인 공감대와 희망이 생성되지 않는 사회는 병든 사회다. 상대를 인정하고 내 것을 양보하며 다양성의 가치를 인정할 때만 공멸을 막을 수 있다.

통합과 포용, 협치의 정치

넬슨 만델라의 생애는 한 편의 드라마였다. 그는 인종차별 정책인 아파르트헤이트(apartheit)에 대항하여 싸우다가 27년을 감옥에서 보냈지만, 1994년 남아공 최초로 흑인 대통령에 당선되었다. 끔찍한 고통으로 점철된 그의 삶을 바라보면서 사람들이 가장 놀라워하는 것은 어떻게 증오심을 극복했느냐 하는 것이다. 그는 "증오는 마음을 짓누르며 전략에 방해가 된다. 지도자는 증오를 담아둘 여유가 없다. 용서한다. 그러나 잊지는 않겠다."라고 말했다.

우리는 지금 무조건적인 반대와 증오, 맹목직인 적개심과 분노가 일상화된 사회에 살고 있다. 정치뿐만 아니라 모든 영역에서 합리적 판단에 근거한 대화는 드물고, 상생을 위한 상호 양보와 타협도 찾아보기 어렵다. 보수와 진보 모두 극단적 대결과 대립, 혐오와 분노를 조직 보호와 유지를 위한 연료로 삼고 있다. 여기에다 우리 사회에는 선아 프레임에 갇혀 있는 사람들이 너무 많다. 내 편은 모든 것이 선이고 상대는 무조건 악이다.

선악 프레임은 내 편의 이탈을 방지하고 상대를 공격하기 위해 힘을 결집할 수 있는 편리한 방법이기 때문이다.

    선악 프레임에 갇힌 사람이 권력을 잡고 조직을 장악하게 되면 타인에 대한 관용이나 배려가 어렵고 융통성을 발휘할 수가 없다. 여야 모두가 상대를 공격하는 모습을 바라보면 피차가 선악 프레임에 갇혀 있다는 사실을 알 수 있다. 어느 쪽이든 집권만 하면 인사청문회에서 무수한 문제점이 드러나고 있는 사람들을 맹목적으로 옹호하고 감싸는 오만과 독선의 극치를 보여주고 있다. 그들의 궁색한 변명은 지지층조차도 등을 돌리게 하고 있다. 각종 선거를 두고 벌이는 진흙탕 싸움도 가관이다. 정치란 진흙탕에서 연꽃을 피워내는 것이다. 진흙탕 속에서 치열하게 싸우더라도 연꽃이 피어나게 해야 한다. 우리 정치판은 연꽃은커녕 연밭 자체를 쑥대밭으로 만들어 어떤 식물도 살 수 없게 물과 흙을 오염시키고 있다.

    정치인들이 즐겨 인용하는 '민심'의 근거도 의심스럽다. 보수든 진보든 그들이 말하는 '민심'은 인터넷 댓글 수준을 벗어나지 못하고 있다. 현실 정치에 실망한 양식 있는 대중들이 정치적 무관심과 냉소주의에 빠져있는 동안 정치인들은 소수의 극단적이고 편향된 생각에 끌려다니는 모습을 보인다. 어느 진영이든 포퓰리즘의 유혹을 뿌리치지 못한다면 정치 발전과 경제 발전은 기대할 수 없다. 좌파적 포퓰리즘이든 우파적 국가주의든 증오와 분노를 에너지원으로 하여 서로 사생결단으로 싸우게 되면 나라는 거덜 날 수밖에 없다. 이제 정말로 달라져야 한다. 지금까지 우리 사회를 지탱해 온 산업화 세력과 민주화 세력은 갈등과 대립을 청산하고 새로운 시대를 열 수 있는 상생의 대 타협점을 찾으며 민주주의를 한 단계 더 성숙시켜야 한다. 분열과 증오, 대립과 반목으로 갈기갈기 찢어진 우리 사회가 어느 한계점을 넘게 되면 순식간에 나락으로 떨어질 수 있다는 사실을 알아야 한다.

"나는 언제나 '지도자는 양치기와 같다'는 금언을 기억하고 있다. 지도자는 무리의 뒤에 있으면서 가장 민첩한 사람을 앞으로 나아가게 하고 나머지는 뒤에서 지휘받고 있다는 것을 내내 모른 채 따라가도록 해야 한다." 만델라의 자서전 『자유를 향한 머나먼 여정』에 나오는 말이다. "용기란 두려움이 없는 것이 아니라 다른 사람들이 두려움을 이기고 나아가도록 격려하는 것이다. 친구를 가까이하라, 경쟁자는 더 가까이하라. 포기도 지도력이다."라는 그의 말에 내포되어 있는 정치적 리더십을 본받아야 한다. '경쟁자를 더 가까이 하라, 포기도 지도력이다'라는 말은 우리 정치인들이 정말 가슴에 새겨두고 실천해야 한다. 만델라가 2013년 95세를 일기로 세상을 떠났을 때 그의 영결식에는 91개국 정상과 10명의 전직 국가수반이 참석했다. 오바마 미국 대통령은 "그는 간디처럼 성공 가능성이 희박했던 저항운동을 이끌었고, 마르틴 루터 킹처럼 억압받는 이들에게 목소리를 낼 수 있게 해 주었으며, 링컨처럼 분열의 위기에 처한 조국을 하나로 묶었다"라고 추모했다. 정치, 경제, 안보, 북핵 등 모든 면에서 생각과 행동이 분열된 현실 앞에서 국민은 대화와 타협, 통합과 포용, 협치의 정치를 갈망하고 있다.

계층이동과 교육

우리 국민 10명 중 7명 이상이 자식 세대가 계층을 상승할 가능성이 없다고 생각한다는 통계청의 사회조사 결과가 있었다. 아무리 노력하고 용써도 계층 이동 가능성이 없다고 생각하는 사회는 활력이 떨어지고 젊은이들은 무력감에 빠진다. 우리 젊은이들이 정규직 구하기는 하늘의 별 따기다. 그들은 결혼할 때 양가 부모로부터 전셋집 정도를 지원받을 수 없다면 죽을 때까지 빈곤에서 벗어날 수 없다고 생각한다. 그래서 결혼과 출산을 포기한 채 '헬조선'을 외치며 절망한다. 계층 이동의 가장 확실한 수단이었던 교육마저도 가진 자에게 유리하게 돌아가니 중하위 계층의 좌절감과 박탈감은 매우 심각하다. 계층이동 통로와 사다리에 언제부터 문제가 생겼는가.

구한말 상류층은 항일이나 반일로 완전히 몰락하거나, 경제력과 친일로 자녀에게 신식 교육을 시켜 부와 권력을 더욱 확고하게 세습하는 길을 선택했다. 그들의 자녀는 동경이나 미국 등에 유학했고, 해방 전후 우리 사회의 엘리트층을 형성했다. 서얼, 중인의 자녀, 향리, 변방 지대 사람 중 일부는 식민지 교육을 받았고, 그들 상당수는 하층민에서 벗어날 기회를 얻게 되었다. 그들 중 일부는 항일 전선에 몸을 던졌지만, 상당수는 식민 지배에 적극적으로 가담하여 동족을 괴롭히는 일제의 앞잡이가 되었다. 양반이라는 권력이 누리는 특권과 횡포를 누구보다 잘 알고 있었기에 그들은 조국의 해방보다는 목전의 이익, 일신의 안일과 영달을 위해 일제에 협조하는 경우가 많았다.

6·25로 인한 완전한 폐허는 절대다수의 사람들에게 각개약진의 기회를 제공했다. 동란 후 대부분의 사람은 자신의 노력으로 사회 경제적 지위를 바꿀 수 있었다. 근면 성실하고 두뇌가 탁월한 사람들은 비교적 수월하게 자신의 계층을 끌어올릴 수 있었다. 전후의 혼란과 5·16에 이어 압축적인 고도성장 과정에서 베이비부머 세대들은 더 손쉽게 계층을 이동할 수 있었다. 가장 공정하면서도 누구나 승복할 수 있는 계층이동 수단은 교육이었다. 전후 베이비 붐 세대들은 수도권 명문대와 지방 거점 국립대, 심지어 지방 사립대를 졸업해도 어렵지 않게 관료나 대기업 정규직원이 될 수 있었다. 서울대와 소수의 명문대학은 출세와 계층이동의 상징이었다. 해방 이후 한국 사회가 다이내믹한 활력을 유지할 수 있게 한 가장 큰 요인은 교육을 통한 계층이동 가능성에 대한 확신이었다.

1997년 IMF 구제금융과 2008년 금융위기를 거치면서 계층이동의 통로와 사다리는 종전과 같이 작동하지 않게 되었다. 이때부터 부모의 사회경제적 지위나 부에 의해 출발선이 달라졌다. 88만 원 세대로 불리는 다수의 젊은이에겐 파트타임의 '알바 인생'이 자연스러운 삶의 한 부분이 되었다. 조국 전 법무부 장관 자녀가 대학에 들어가던 2010년을 전후해서 수시모집 학생부 종합전형은 계층이동 통로나 사다리가 전과 같이 작동하지 않게 했다. 학생부 종합전형은 과고, 외고, 전국 규모의 자사고 출신 학생에게는 특혜에 가까운 어드벤티지를 주었다. 정치인, 언론인, 교수, 법조인, 의사, 재력가 등 부와 지식, 권력의 최상위권에 위치한 사람들은 기득권을 활용하여 품앗이 인턴, 논문에 이름 얹기, 귀족 동아리 활동 등을 통해 흙수저가 넘볼 수 없는 스펙으로 자녀를 최고 명문대나 의치대 등에 보다 수월하게 진학시킬 수 있었다. 이때부터 흙수저는 계층 이동을 위해 답답하고 좁은 긴 통로를 통과해야 했고, 더욱 길고 높고 부실한 사다리를 타고 위험하고 불확실한 곡예를 해야 했다. 개천에서 용이 나올 수가 없게 된 것이다.

 4차산업혁명과 인공지능 시대에 객관식 문제가 시대착오적이라는 사실은 누구나 잘 알고 있다. 그런데도 불구하고 절대다수의 중산층은 특권과 반칙보다는 투명성과 신뢰성을 의심하지 않아도 되는 수능에 의한 정시모집을 선호한다. 양극화를 해소할 수 있는 실효성 있는 정책과 좁아진 계층이동의 통로를 넓히고 부러진 사다리를 복원할 수 있는, 무엇보다도 국민적 신뢰를 받을 수 있는 대입제도 개편안이 나와야 한다. 절대다수의 국민에게는 아직도 교육만이 희망이기 때문이다.

비전 없는 정치, 기댈 곳 없는 국민

　우리는 미국 제16대 대통령 링컨이 노예해방의 영웅이라고 말한다. 그런데 링컨보다 앞서 노예해방을 주장한 영국의 윌리엄 윌버포스(1759~1833)는 모르는 사람이 많다. 16세기 중반에 시작된 영국의 노예무역은 18세기 후반에는 국가의 기간산업으로 부상했다. 한때는 국가 재정 수입의 3분의 1 정도가 노예무역에 의존할 정도였다. 아프리카에서 사냥당한 흑인들은 짐승보다 못한 대접을 받으며 쇠사슬에 묶인 채 극도로 비위생적인 화물칸에 실려 유럽과 신대륙으로 팔려 갔다. 대서양을 건너는 동안 수많은 노예가 죽었다. 프랑스 대혁명과 미국 독립혁명을 전후해 인간은 누구나 평등한 인권을 갖고 태어났다는 계몽주의가 힘을 발휘하던 시대에 벌어진 일이다. 그 당시 영국에서는 누구도 선뜻 나서 노예무역 폐지를 주장할 수 없었다. 국익에 어긋난다는 이유였다.

　윌버포스의 집안은 당대의 갑부였고, 그 또한 케임브리지 대학을 졸업한 엘리트였지만, 그는 정치적 동지였던 윌리엄 피트와 함께 온갖 어려움을 물리치면서 노예제 폐지 운동을 이끌었다. 금수저를 물고 태어난 그는 주변 다른 상류층 사람들처럼 현실에 안주하며 안일한 생각에 젖어 살 수 있었지만, 여행과 독서, 돈독한 신앙을 통해 방탕한 생활을 청산했다. 그는 매일 성경을 읽으며 묵상했고, 일기를 쓰면서 자신을 정화하며 자세를 바로잡았다. 그는 1780년 21세의 나이로 하원의원에 당선된 이후 계속해 노예무역 폐지 법안을 제출했다. 그 당시 영국에서 그런 주장을 한다는 것은 정치적 성공을 향한 야망을 접는 것과 같았다.

 윌버포스가 정치에 입문할 당시 영국 상류층은 극도로 타락했고 퇴폐적인 생활을 했다. 그 무렵 영국 국교도 영적 권위를 상실했다. 대부분 성직자는 상류계급에 편입돼 하층민의 고통에는 무관심했다. 상류계급은 목전의 이익 달성을 위해 수단 방법을 가리지 않았다. 정치와 종교가 제 역할을 못 하니 향락산업은 끝없이 번창했다. 노예무역으로 돈이 넘치는 상류층이나 내일이 없는 하류층 모두 자극적인 구경거리나 술과 도박 등에 탐닉하며 삶의 권태와 고통을 잊으려 했다. 사회 지도층에게는 명예심이나 후대를 생각하는 마음 같은 것이 없었다. 이런 상황에서 윌버포스는 양심적인 정치인들을 모으며 하수종말처리장 수준의 정치판을 1급 상수원 수준으로 정화하겠다는 각오를 했다. 의회는 '국가의 도덕을 만들어 내는 조폐국'이 돼야 한다고 생각했다. 그는 대의명분을 사회적 압력 수단으로 활용하면서 치밀하게 전략을 구사해 결국 고위공직자의 비도덕적인 행위를 적발하고 고발할 수 있는 법령을 선포하게 해 영국의 정치풍토를 바꾸었다. 도덕성을 강조한 빅토리아 왕조(1837~1901)의 시대정신은 이렇게 탄생한 것이다.

그는 여기에 그치지 않고 온갖 불이익과 위험을 무릅쓰고 노예제 폐지 운동을 전개했다. 1805년까지 노예무역 폐지 법안은 무려 11번이나 좌절을 겪었다. 그 과정에서 윌버포스와 동지들은 끊임없이 비난받았고, 갖가지 위협에 노출됐다. 그는 암살의 위기도 두 번이나 넘겼다. 그런데도 불구하고 그는 의회에서 노예제 폐지의 필요성을 역설하는 연설을 150여 차례 했다. 그와 정치적 동지들의 불굴의 노력으로 1807년 노예무역 폐지 법안이 통과됐다. 그는 여기에 만족하지 않고 노예제 자체의 완전한 폐지를 위해 계속 투쟁했다. 그의 끈질긴 노력으로 1833년 7월 26일 의회는 마침내 영국의 모든 노예를 1년 안에 해방한다는 법안을 통과시켰다. 본래 약골인 그의 건강은 오랜 투쟁 끝에 점점 악화했다. 병상에서 이 소식을 들은 윌버포스는 사흘 후 기쁜 마음으로 눈을 감고 웨스트민스터 사원에 묻혔다.

국민이 보기에는 고위 공직자와 정치권은 어떤 재난 상황에서도 전혀 타격받지 않는 것 같다. 그들은 후세대를 위한 명예로운 일을 하겠다는 생각도 의지도 없어 보인다. 종교 역시 가난하고 고통받는 사람들에게는 별로 힘이 되지 못하고 있다. 지도층의 행태는 윌버포스가 살던 당시의 영국과 상당 부분 흡

사하다. 날이 새나 지나 그들은 당리당략과 사리사욕, 패거리의 이익을 위해 저급하고 천박한 싸움만 하고 있다. 국민이 보기에는 그들 모두가 똑같은 적폐다. 오죽 답답하면 200년 전의 영국 정치가를 떠 올려보겠는가.

유머 감각과 소통 능력

사람이 붐비는 도로나 교차로를 지나다 보면 자신의 의지와 상관없이 다양한 종류의 현수막을 보게 된다. 예전에는 명절이나 국가적으로 경축할 일이 있을 때만 정당이 현수막을 걸었다. 지금은 1년 내내 정당 현수막이 명당자리를 차지하고 있다. 대부분이 상대를 비난하고 성토하는 문구다. 국회의원과 자치단체장뿐만 아니라 시도 구군 의원까지 현수막 정치를 하니 현수막 공해를 그냥 방치할 수 없는 지경에 이르게 됐다. 국민은 생산성 없는 감성팔이와 상호비방 정치에 지쳤다. 정치가 국민 삶의 질을 떨어뜨리고 있다. 치열한 논쟁과 토론 속에서도 국민을 미소 짓게 하는 유머 감각과 소통 능력을 갖춘 정치인은 없을까.

2011년 여론 조사 기관 갤럽이 '미국인이 가장 위대하게 생각하는 대통령은 누구인가'를 조사했다. 초대 대통령 워싱턴 5위(10%), 케네디 4위(11%), 클린턴 3위(13%), 링컨 2위(14%) 순으로 나왔다. 우리 국민에게 물었다면 링컨 대통령이

1위로 나왔을 가능성이 높다. 1위는 예상 밖으로 레이건(19%)이었다. 일부 상류층이 그를 두고 'B급 배우 출신 대통령'이라고 비아냥거리기도 했다. 그러나 그는 경제적 번영과 함께 강력한 미국을 부활시킨 대통령으로 사랑받고 있다. 그가 2004년 타계했을 때 대처 총리는 추도사에서 "우리는 레이건이 시작한 새로운 시대에 살고 있다. 그는 총 한 발 쏘지 않고 냉전에서 승리했다. 그는 적들이 요새에서 나오게 손을 내밀었고, 결국 그들을 친구로 만들었다"라고 했다. 워싱턴포스트지는 '소통의 달인' '보수주의자의 우상'으로 기억할 것이라고 썼다.

레이건은 탁월한 유머 감각을 가진 지도자였다. 그가 이렇게 연설을 시작한 적이 있다. "내게는 대통령이 될 수 있는 9가지 재능이 있습니다. 첫째, 한 번 들은 것은 절대 잊어버리지 않는 탁월한 기억력입니다. 둘째, 아 또, 그게 뭐더라" 청중이 폭소를 터뜨리며 손뼉을 쳤다. 연설문을 읽다가 '다음 페이지로'라는 것까지 읽어버려 폭소를 유발한 적도 있다. 일부 사람은 머리가 나빠 그런 실수를 한다고 말했다. 우리 정치 풍토에서는 '치매' '국정 운영 능력 심히 우려' 등의 악담과 함께 난리가 났을 것이다. 대본 읽기에 익숙한 배우 출신이기 때문에 청중을 웃기기 위한 계산된 실수였다. 기자들의 고약한 질문에 시달리던 그가 '개자식(Son Of Bitch, SOB)'이라는 욕설을 내뱉고 말았다. 며칠 후 기자들이 'SOB'라는 글자를 새긴 티셔츠 선물로 대통령에게 복수했다. 레이건은 "기자 여러분은 모두 애국자입니다. 예산을 절약 (Saving Of Budget, SOB) 하란 말이지요. 충고 명심하겠습니다."라고 말했다. 얼마나 재치 있는 응수인가. 1981년 존 힝클리가 쏜 총탄이 심장 바로 옆 왼쪽 폐에 박혔다. 절체절명의 순간에도 유머가 넘쳤다. 수술에 들어가기 전 부인 낸시 여사에게 "여보 재빨리 머리 숙이는 걸 깜빡했어."라고 했다. 배우 시절 영화 촬영할 때처럼 못 피했다는 말이다. 레이건의 유머 감각과 인간적인 실수는 사람을 편안하고 친숙하게 해주는 힘으로 작용했다. 국민은 고물가와 실질소득 감소로 몸과 마음이 쪼그라들고 있는데, 유독 정치인만 힘이 넘치는지 머리에 단단한 뿔을 달고 소싸움 하는 현실이 답답하다. 남의 나라 지도자이지만, 오만과 독선을 버리고 소통하는 지도자, 유머 감각이 뛰어난 정치인이 부럽다.

자연은 해가 바뀌면 새싹과 새순으로 자신을 갱신한다. 간혹 꽃샘바람이 변덕스럽지만, 봄기운이 온 누리에 가득하다. 겨우내 움츠리고 있던 가슴을 펴고 어디론가 훌훌 돌아다니고 싶은 3월이다. "봄은 틀림없이/ 힘이 셀 거야/ 할머니한테 끌려 다니던 염소/ 뿔 두 개 달더니/ 할머니를 끌고 다니잖아/ 틀림없이 봄은/ 고집이 셀 거야/ 봄이란 글자를 잘 봐/ 뿔 달린 염소처럼/ 몸 위에 뿔 두 개 달았잖아" 곽해룡 시인의 동시 「봄」 전문이다. 많은 국민이 비전 없는 정치에 실망하고 분노하기보다는 현수막도 막말도 없는 대자연과 소통하며 위안받고 싶어 한다. 자연이라는 위대한 책은 우리의 눈과 귀를 피곤하게 하지 않고 두뇌의 혹사도 요구하지 않는다. 자연의 품에 안기면 가난과 불행도 잊게 되고 자신도 모르게 흥에 겨워 생명의 합창에 동참하게 된다. 거리에 이런 현수막을 걸고 싶다. "새봄이 왔어요. 우리 함께 힘내요"

'우와'에서 '와우'로

놀라움이나 감탄을 표현할 때 예전에는 '와' 또는 '우와'라고 외쳤다. 요즘은 많은 사람이 '우와' 대신 '와우'라고 소리친다. 여든 중반의 어느 할머니가 "젊은 애들이 왜 '와우'라고 고함지르는지 모르겠다. 그 소리 듣기 싫어."라고 말한 적이 있다. 영어를 모르는 할머니에게 그 이유를 설명하면 화만 더 나게 할 것 같아 "그러네요, 저도 맘에 안 들어요."라고 답했다. '와우(wow)'는 영어 감탄사다. 이제는 '우와'보다는 '와우'가 더 보편적인 감탄사가 된 것 같다. 최근 대화 전문 인공지능 챗GPT와 대화를 나누다가 너무 놀라 처음에는 '우와'라고 하다가 갑자기 톰 피터스의 저서가 떠올라 다시 '와우'라고 외쳐보았다.

챗GPT에 '칼럼니스트에 관한 시를 써 보세요.'라고 했더니 이런 글을 썼다. "칼럼니스트라는 존재는/ 소소한 일상에서부터/ 큰 사회 이슈까지/ 매일 같이 풍부한 이야기를 선사한다.// 쓰기 힘든 날도 있겠지만/ 그녀들과 그들의 글은/ 우리의 생각을 바꾸고/ 세상을 더욱 밝게 비춰준다.// 그들의 글을 읽으면서/ 우리는 서로의 이야기를 나누며/ 새로운 시선을 배울 수 있다.// 칼럼니스트여, 당신의 글은/ 가끔은 힘들고 지칠 때도 있겠지만/ 우리를 위한 작은 선물이 되어준다.// 당신이 쓴 글들은/ 항상 우리를 더 나은 사람으로 이끌어 줄 것이다." 시적 기교는 논외로 하고 내용만 본다면 아주 탁월하다. 같은 제목으로 다시 쓰라 하니 이번에는 '문학적인 느낌의 시로 작성하였습니다.'라는 멘트와 함께 5연의 다른 시를 썼다. "칼럼니스트의 글씨는/ 세상을 바꾸는 매직잉크와 같다/ 흔들림 없는 글귀는/ 때로는 진실을 밝히고 때로는 깊이 있는 이야기를 품는다 ··· 중략··· 그들은 글쓰기의 마법사이자/우 리의 지혜와 희망이다/ 칼럼니스트의 말이 우리를 움직이며/ 세상을 변화시키는 큰 힘이 된다." 정말 놀랍다. 모든 정보가 실시간으로 입력되고 챗GPT가 더 발전하면 칼럼니스트 상당수는 설 자리가 없을 것 같다. 어떤 기사를 읽고 독자의 정치적 성향과 직업 등을 입력해 주면 챗GPT가 다양한 관점에서 좋은 칼럼을 작성해 줄 것이다. 앞으로 의사, 변호사, 회계사, 세무사, 기자, 교육 관련 송사자 등 현재 인기 있는 전문직 수요가 대폭 줄어들 전망이다. 많은 저서에 챗GPT가 공동 저자로 표시될 것이다. 이미 그렇게 출판하는 책이 있다.

    탈 중심 다원적 사고를 중시하는 포스트모던 철학을 기업 경영에 최초로 도입한 톰 피터스는 "누구나 과거의 직장인이 아닌 새로운 무언가로 거듭나야 한다. 구체적으로 어떻게 변해야 하는가? 무엇을 지향해야 하는가?"라고 물으며 저서『Wow 프로젝트』에서 그 해답을 제시한다. 그는 대기업에 소속되어 있든, 1인 기업이든, 직책과 관계없이 '독립 계약자처럼 생각하고 행동하라'라고 강조한다. 이런 '정신적 독립 계약자'를 그는 '브랜드유(Brand You)'라고 부른다. '브랜드유'는 스스로 자신의 삶을 책임진다는 자세로 자기 능력을 끊임없이 발전시키고 자신을 홍보하며, 자신을 도와줄 지지자를 찾는데 열성적이다. '브랜드유'가 추구하는 업무는, 아무리 하찮은 일이라도 '기억에 남을 만한 것', 즉 'Wow!'라는 감탄사가 터지도록 만드는 것이다. 이를 '와우 프로젝트(Wow Project)'라고 말한다. 개인이든 기업이든 창조적 아이디어를 생산할 수 있어야 살아남는다. 이제 기업도 고객을 자신과 운명을 함께 하는 동반자로 생각하고 최고의 서비스를 제공해야 버틸 수 있다.

인공지능은 인간이 이미 창조한 것을 조합하여 무엇을 생산한다. 인공지능이 따라올 수 없는 남다른 창의성과 상상력을 가진 사람은 엄청난 경쟁력을 가질 수 있다는 말도 된다. 미래 사회는 많은 정보를 암기하고, 계산 능력이 빠른 사람보다는 인공지능이 제공하기 어려운 인간적인 감성과 배려의 마음, 이해심과 협동심, 독특한 사고, 조직력, 가치 판단 능력 등을 가진 사람이 귀한 대접을 받을 것이다. 지금이야말로 아날로그적인 미덕에 입각한 인성 교육, 소통과 상생, 특히 기존의 고정관념과 낡은 제도, 상투적인 것들에 항거하며, 새로운 가치와 사랑을 추구하고, 지적인 유연성과 다양성, 탄력성을 중시하며, 정신과 영혼의 힘을 길러줄 수 있는 교육이 필요하다.

4부

옛사람의 찌꺼기

감사의 마음과 행복

내 친구 S는 서울대를 졸업했다. 그는 가르치는 일을 좋아해서 교직에 들어갔다. 50대 중반에 암으로 병가와 휴직을 몇 차례 되풀이했다. 암세포가 췌장까지 전이되자 정년을 몇 해 남기고 명퇴했다. 교직을 떠나는 마지막 순간까지 평교사로 분필을 잡았다. 평생 책 읽고 공부하길 즐겼다. 5개 국어에 능통하다. 그 아픈 몸으로 지금도 일주일에 한 번 정도는 시나 좋은 문장을 번역하여 원문과 함께 보낸다.

최근에 그가 프랑스의 대입 논술 바칼로레아 문제 '칸트의 행복론에 관해 논하라'와 함께 중국의 대입 논술 문제를 보냈다. 문제는 제시문을 읽은 후 "행복은 '---'이다"의 빈칸을 완성하고 작문하라는 것이다. 제시문에는 이런 내용이 있다. 중국 청소년과 일본 청소년에게 설문조사를 했더니, 중국 청소년은 80%가 행복이 주택과 관계가 있다고 했지만, 일본 청소년은 80%가 행복은 주택과 관계가 없다고 했다. 세계 여러 국가의 행복지수에 대한 분석도 제시되어 있다.

임마누엘 칸트는 행복의 세 요소는 일, 사랑, 희망이라고 했다. 에리히 프롬은 일, 사랑, 놀이를 꼽았다. 두 학자의 말을 합치면 일, 사랑, 희망, 놀이다. 내 친구는 여기에 '감사'를 더 보탰다. 다섯 요소 중에서 한 가지만 선택하라고 한다면 '감사'라고 했다. 중남미 사람들은 가난에 허덕이지만, 행복지수는 대체로 높다. 동아시아 사람들은 끊임없이 무릉도원을 꿈꾸며 행복을 심각하게 생각하는 경향이 있어 일반적으로 소득에 비해 행복지수가 낮다. 지금 우리 사회는 절대빈곤보다는 상대적 빈곤과 박탈감 때문에 불행하다고 생각하는 사람이 많다. 이념과 진영에 관계없이 말과 글, 자리를 장악하고 있는 자들의 책임이 크다. 이들은 끼리끼리 떼를 지어 온갖 못된 짓을 저지르고는 시치미를 뚝 뗀다. 이중 잣대는 전매특허다. 내 편이 아니면 무조건 혐오와 저주의 말을 퍼붓는다. 정치의 타락은 젊은이들의 말과 행동, 사고도 비틀어 버렸다. 노소를 불문하고 부정적 생각이 가득한데 어떻게 행복할 수 있겠는가. 그는 "감사를 모르면 행복은 있을 수 없다"라고 말한다.

재작년 친구는 "내가 안 죽으면 따뜻한 봄날 자네 집 마당에 핀 꽃들을 보며 담소나 나누면서 하룻밤 자고 와야겠다."라고 했다. 친구들이 모여 찬란한 봄날을 자축했다. 지난해에도 그는 우리 집에 와서 섬백리향 만발한 봄날을 함께하고 갔다. 시간이 흐를수록 항암치료가 너무 힘들지만, 하루하루가 '감사'하다고 했다. 올봄에도 우리는 다시 만났다. 살아있다는 것과 아직도 탐구하고 공부하는 것이 얼마나 즐겁고 감사한 일인지를 밤늦도록 이야기하며 기적 같은 새봄에 감사했다.

강약약 중강 약약

1999년 미국의 유명 시사잡지 『라이프』지가 과거 천 년 동안 인류에게 가장 영향을 준 100대 사건을 조사했다. 예상을 뒤엎고 구텐베르크의 금속활자 발명이 1위를 차지했다. 금속활자는 한국이 세계 최초로 발명하고 사용했지만, 인류 문화사에 크게 영향을 미친 것은 독일의 금속활자다. 금속활자와 인쇄술은 지식의 축적과 순환을 가능하게 하여 인류 문명의 비약적 발전을 견인했다. 인터넷의 발달과 이용자 폭증은 온라인 콘텐츠 산업의 출현과 함께 온라인을 통한 사회적 이슈의 생산과 유통, 여론 형성으로 전자민주주의 가능성을 열었다. 인터넷의 발달은 신문, 잡지, TV, 음반, 영화 등을 융·통합하면서 일반 대중이 다양한 장르의 예술을 시간과 공간의 제약 없이 언제나 쉽게 접할 수 있게 했다.

피아노도 인류 음악사에 한 획을 그은 악기다. 피아노의 약자는 'pf'다. 'pianoforte', 셈여림을 마음대로 표현할 수 있는 건반악기란 뜻이다. 피아노의 전신 쳄발로(cembalo 또는 하프시

코드 harpsicord, 클라브생 clavecin)는 셈여림을 표현할 수 없어서 극적인 표현이 불가능했다. 그래서 연주회용 아리아는 반드시 수십 명의 단원으로 구성된 오케스트라의 뒷받침이 필요했다. 서민에겐 언감생심이었다. 셈여림이 가능한 피아노가 88개의 건반으로 오케스트라와 거의 비슷한 효과를 낼 수 있으니 얼마나 놀라웠겠는가. 금속활자와 인터넷이 지식과 정보의 대중화와 일반화에 기여했듯이, 피아노는 귀족의 전유물이었던 클래식 음악을 대중화하는 데 혁혁한 공을 세웠다.

    1827년 어느 날 슈베르트는 악성(樂聖) 베토벤 병문안을 갔다. 그는 수줍은 듯 망설이다가 얼마 전에 완성한 연가곡집 『겨울 나그네』를 내놓았다. 베토벤은 악보를 넘기면서 손을 떨었다. 마지막 장을 넘길 때는 눈가에 이슬이 맺혔다. "정말이지, 이 사람 슈베르트는 내면에 하늘의 불꽃을 간직하고 있구나." 그는 이렇게 외치며 신성(新星) 슈베르트를 천재라고 극찬했다. 베토벤은 얼마 후 세상을 떠났다. 1828년 슈베르트는 처음이자 마지막이 되는 콘서트를 열어 큰 성공을 거뒀다. 남의 피아노를 빌려 쓰던 그는 꿈에도 소원하던 피아노를 샀다. 피아노는 '가곡의 왕'을 탄생시킨 일등 공신이었다. 베토벤이 세상을 떠난 다음 해 그는 장티푸스에 걸려 31세로 요절했다. '가곡의 왕' 슈베르트는 '화음의 왕' 베토벤과 영원히 함께하고 싶다는 유언을 남겼다. 두 사람은 지금 음악의 도시 빈에 나란히 누워있다.

자나 연필로 책상을 두드리며 8분의 6박자 리듬 연습을 하던 초등학교 음악 시간이 생각난다. 피아노처럼 셈여림을 조절할 수 있는 삶을 생각하며 컴퓨터 자판을 강약약 중강 약약으로 두들겨 본다. 공부뿐만 아니라 우리가 하는 모든 일은 긴장과 이완, 강약의 조화와 균형이 필요하다.

두 스승 이야기

소크라테스(BC 470~399)에게는 두 가지 근본적인 의문이 있었다. 만물의 영장으로 신과 동급으로 간주해도 무방하지만, '결국은 죽을 수밖에 없는(mortal)' 인간에 대한 근원적 회의가 첫 번째 의문이고, 당시 세계의 중심이자 이상향으로 간주하던 아테네에 대한 반체제적 회의가 두 번째 의문이었다. 아테네와 스파르타 사이에 벌어진 펠로폰네소스 전쟁(BC 431~404)으로 두 폴리스는 양패구상(兩敗俱傷)했고, 그리스 문명은 사실상 종말을 고하게 되었다. 대 제국 페르시아를 물리친 아테네가 왜 한 줌밖에 안 되는 무지막지한 스파르타에는 졌을까? 소크라테스는 '교만'을 패인이라고 보았다. 그는 교만은 만악의 근원이고 겸손이 모든 미덕의 출발점이라고 생각했다.

소크라테스는 소피스트와 그들에게 혹한 아테네인들을 싸잡아 비난했다. 그는 소피스트의 얕은 지식과 교묘한 수사(rhetoric)를 맹공했다. 용기의 미덕을 가진 스파르타인이니 순수의 미덕을 가진 야만인(barbarian)이 차라리 아테네인보다

낫다고 했다. 그는 때와 장소를 가리지 않고 질문을 거듭하며 사람들이 무지를 깨닫게 했다. 그는 "그 잘난 아테네의 민주정은 왜 못난 스파르타의 군사독재에 패배했는가? 아테네는 정치체제를 근본적으로 개혁하여 새로 태어나야 한다."라고 외쳤다. 소크라테스는 누군가에게 패전의 책임을 전가할 궁리만 일삼던 소피스트 지도층의 심기를 심히 불편하게 했다. 전쟁이 끝나고 아테네가 스파르타의 2등 시민으로 전락한 5년 후, 그는 '신을 모독하고 젊은이를 타락시킨' 죄목으로 법정에 섰다. 그는 판결에 승복해 사약을 마셨다.

피타고라스(BC 570~495)는 소크라테스보다 100여 년 먼저 태어났고, 인도의 고타마 싯다르타와 거의 같은 시대에 살았다. 그는 '조화'를 강조했다. 수(number), 음(sound), 영혼(soul) 세 가지의 조화를 중시했다. 그는 '피타고라스의 정리'를 발견한 수학자, 음악가, 종교 창시자였다. 그는 석가모니와 마찬가지로 윤회설을 주장했다. 그의 영향을 받아 서양에서는 엘리자베스 2세, 루이 14세 같은 명칭을 쓴다. 2세, 3세는 원래 작고한 조부모나 조상이 다시 태어났다는 뜻이다. 그는 "희끄무레한 구름 위에 빛나는 별이 있듯이, 그저 그런 인간의 내면 깊숙한 곳에는 아름다운 영혼이 있습니다. 이 고매한 영혼의 소유자인 당신은 마땅히 존경받아야 합니다."라고 말했다.

소크라테스는 '너 자신을 알라(Know thyself)'라고 외쳤다. 피타고라스는 '너 자신을 존중하라(Reverence thyself)'라고 당부했다. 우리에게 이보다 더 소중한 가르침이 있을까? 세상이 어지럽고 혼탁하기 때문에 두 스승의 말이 더욱 절실하게 와닿는 요즘이다.

고향 생각

우리 옆집에는 나보다 열한두 살쯤 나이가 많은 형이 둘 있었다. 이 집은 원래 6남매였는데 앞의 4명은 어릴 때 저세상으로 갔다고 들었다. 내가 초등학교 3학년 때 연년생인 형제는 6개월 간격으로 군에 입대했다. 부모님은 두 분 다 쉰이 넘었고, 문맹이었다. 둘째 형이 군에 입대하기 전날 내 손을 꼭 잡고는 "내가 군에 가고 나서 큰형이나 내가 보낸 편지가 오면 네가 읽어드리고 우리 부모님께서 할 말 있다고 하면 네가 좀 받아 적어 보내다오"라고 부탁했다.

둘째 형이 입대하고 나서 큰형 편지가 왔다. 나는 큰 소리로 두 분께 편지를 읽어드린 후에 하고 싶은 말이 있는지 물었다. "네 동생은 군에 잘 갔고, 우리는 밥 잘 먹고 몸 성하니 집 걱정은 하지 마라"는 말만 전하면 된다고 하셨다. 나는 편지지 한 장에 그 말만 적기에는 여백이 너무 아깝다는 생각이 들었다. 형들이 궁금해할 것들을 두 분께 질문하고는 들은 내용을 자세히 적었다. 여러 차례 편지를 쓰다 보니 글 쓰는 일이 쉬워

졌다. 나는 동네에서 일어난 일까지 재미있게 적어 보냈다. 과수원 전지(가지치기), 약 치기, 보리타작, 모심기, 논매기, 가을걷이, 사과 수확, 사과 판매와 저장 등에 관한 내용을 순차적으로 적어 보냈다.

대개 내가 알아서 편지를 쓴 후 읽어드렸고, 그런 다음 더 하고 싶은 말이 있는지 묻곤 했다. 어른들은 "네가 우리 집을 우리보다 더 잘 아는구나."라고 놀라워하며 더 보탤 말 없으니 그대로 보내라고 할 때가 많았다. 나는 편지지를 접어 봉투에 넣고 밥풀로 봉하고는 우표를 붙인 후, 1km쯤 걸어가서 우체통에 넣는 일까지 하곤 했다. 내 편지는 고향 소식을 전하는 위문편지이기도 했다. 지금도 내 글쓰기의 출발점은 그때였다고 말한다.

편지 쓰기를 마치면 어른들은 사과, 감, 대추, 곶감 등을 주셨다. 두 분은 장날에는 꼭 꽈배기를 사다 주셨다. 꽈배기를 싼 종이에 붙어 있는 하얀 설탕을 혀로 먼저 핥아먹고, 한 가닥씩 부러뜨려 오래 씹어 먹는 그 행복감, 아직도 기억에 생생하여 잊을 수가 없다. 장날마다 나는 늘 꽈배기를 기다리며 동네 어귀를 서성이곤 했다. 두 분이 귀가할 무렵에 내가 없으면 밤에라도 담 너머로 꽈배기를 넘겨주셨다. 어느 해 추석에는 옷도 한 벌 사주셨다. 한밤중의 제삿밥이나 대부분의 작은 물건들은 담 너머로 오고 갔다.

급속한 산업화는 우리를 절대빈곤에서는 벗어나게 했지

만, 이웃과의 담장은 높아지게 했다. 아파트 철문을 닫으면 벽을 공유하고 있는 옆집도 산 너머 딴 동네보다 더 멀게 느껴진다. 우리는 모두 너무 각박하게 살고 있다. 서로 기댈 수 있는 이웃사촌도 드물다. 동네 사람 모두가 조심하는 대쪽 같은 어른이나 인자하고 마음 후덕한 할머니도 없다. 지금도 고향을 생각하며 눈을 감으면 토담과 꽈배기, 그것을 넘겨주던 옆집 어른의 따뜻한 손길이 떠오른다.

직선과 곡선

작가 지망생이 글 잘 쓰는 방법을 가르쳐 달라고 했다. "지금 당장 친구들보다 더 잘 쓰고 싶은가, 시간이 흐를수록 더 좋은 글을 쓰는 작가가 되고 싶은가?"를 물었다. "지금도 잘 쓰고 나중에도 잘 쓸 수 있다면 가장 좋겠지만, 둘 중에 하나를 선택하라면 나중에 대가(大家)로 인정받는 작가가 되고 싶습니다."라고 답했다. 와인 이야기로 대화를 시작했다.

'페트뤼스'는 엘리자베스 2세 영국 여왕의 결혼식과 대관식, 재클린이 존 F. 케네디의 청혼을 받을 때 함께한 것으로 알려진 최고급 프랑스산 포도주다. 페트뤼스 와인은 한정 생산과 고가 판매로 상류사회의 사랑을 받는 '전설의 와인'으로 알려져 있다. 이 와인을 전설로 만든 사람은 베루에다. 그는 보르도대학 양조학과를 졸업하고 1964년부터 44년 동안 양조책임자로 있었다. 소유주가 그를 발탁한 과정은 많은 것을 시사한다. "양조 기술을 배우러 갔는데 주인은 매주 화요일 1시간씩 6개월 동안 문학과 철학에 관한 질문만 했다. 주인은 양조 기술에 관해서는 한 번도 묻지 않았다. 그러던 어느 날 페트뤼스에서 일하겠느냐고 물어 놀랐다. 그 6개월이 '장기 면접시험'이었던 것"이라고 베루에는 회상했다. 훌륭한 와인을 만들기 위해서는 인문학적 소양이 양조 테크닉보다 중요하다는 말이다.

"좋은 글을 쓰기 위해서는 무엇이 중요할까?" 질문을 던졌다. 학생은 "다양한 주제의 책을 많이 읽어야겠습니다."라고 답했다. 또 떠 오르는 것이 없느냐고 물었다. "음악이나 미술 같은 다른 장르의 예술 작품에 대한 식견과 안목도 필요할 것 같습니다."라고 답했다. 또 더 생각해 보라고 하니 "여행을 통해 보고 듣고 느끼는 것이 많으면 좋겠습니다."라고 했다. 한참 이야기를 나눈 후 학생이 질문했다. "지금까지 이야기한 것만큼 중요한 다른 것이 있습니까?" 나는 "사람에 대한 관심과 사랑, 인간 세상에 대한 남다른 이해력과 분석 능력이 있으면 더 좋을 것"이라고 말했다. 학생과 대화를 마치면서 훌륭한 작가가 될 자질을 가지고 있다고 칭찬해 주며, 이 가을 온몸을 흠뻑 취하게 해줄 좋은 책을 골라 정독해 보라고 권했다. 글을 쓴다는 것은 정해진 시간 안에 하나뿐인 정답을 구해야 하는 수능 시험이 아니다.

화가 훈데르트바서는 "직선에는 하느님이 없다."라고 말했다. 작가는 빠른 길, 지름길을 찾는 사람이 아니고, 마음과 영혼을 움직일 수 있는 감동적인 표현법을 찾는 사람이다. 우회할 수 있는 마음의 여유가 있을 때 좋은 표현이 나온다. '단숨에' '단칼에' 원하는 것을 얻겠다는 발상은 직선의 성급함과 조급함을 나타낸다. 직선은 일방적으로 밀고 당기고, 자르고 구분하려고만 한다. 세상의 아름답고 고귀한 것들 대부분은 직선보다 곡선이 많다. 우회의 여유가 많은 것을 담고 포용할 수 있다.

생물도감을 들고 자연 속으로

 지인이 우리 집을 방문하고 싶다고 했다. 방학이라 초등 3학년 아들을 데리고 온다고 했다. 우리 집은 조그마한 마당이 있는 단독 주택이다. 약속 시각이 다가오자, 마당에서 잡초를 뽑으며 손님을 기다렸다. 초인종 소리에 문을 여니 아이가 예절 바르게 인사를 하고는 호미를 들고 있는 나를 보더니 대뜸 질문했다. "골목에 참새가 왜 그렇게 많아요? 길에는 벌레도 없을 것 같은데 이상하네요." 아이가 질문을 막 끝냈을 때 참새 몇 마리가 마당에 날아와 열심히 잔디를 쪼았다. 아이는 또 질문했다. "잔디에도 먹을 것이 있나요?" 참새들은 벌레를 먹고 산다는 생각에서 나온 질문이었다. 호기심이 가득한 눈망울이 초롱초롱했다.

 "정말 좋은 질문이구나. 선생님도 그 문제를 제대로 생각해 본 적이 없어 바로 답해 줄 수가 없네. 우리 한 번 같이 찾아볼까." 이렇게 말하고는 실내로 들어가 책꽂이 한구석에서 '자연도감'을 찾았다. 참새 부분을 펼치고는 큰 소리로 읽어 주었다.

"참새는 사람과 가장 가까이에 삽니다. 참새는 곤충, 나무 열매, 풀씨, 곡식 등을 먹는 잡식성입니다. 사람이 버리는 밥찌꺼기도 먹습니다. 길거리에는 참새가 먹을 것이 많은 데다 독수리나 매 같은 무서운 적도 없습니다. 그래서 참새에게 길거리는 안전한 곳입니다." 아이는 아주 만족한 표정으로 내 목소리를 흉내 내며 말했다. "골목에는 아이들이 흘린 과자 부스러기도 있습니다. 잔디에는 풀씨가 많습니다." 아이의 머리를 쓰다듬어 주며 훌륭한 과학자가 되겠다고 칭찬해 주었다.

어른들이 이야기하는 동안 마당에서 놀던 아이가 방으로 들어왔다. 죽은 곤충 위에 앉아 있는 파리를 유심히 본 모양이다. "파리는 앞다리를 정말 열심히 움직이네요. 왜 파리는 다리를 자꾸 비벼대나요?" 그 질문에 대한 답은 내가 읽은 적이 있었다. 즉시 서가에서 다이앤 애커먼이 지은 『감각의 박물관』을 뽑았다. 전에 읽을 때 줄을 쳐 둔 부분을 찾아냈다. "나비와 검정파리는 대부분의 미각 기관이 앞다리에 있어서 달콤한 액체에 발을 담그기만 해도 그 맛을 느낄 수 있다." 아이가 감탄하며 말했다. "나비나 파리의 앞다리는 사람의 혀와 같네요. 그래서 파리는 먹이에다가 다리를 열심히 문지르나 봐요."

아이와 이야기하다 보니 초등학교 시절 여름 방학 숙제인 곤충채집과 식물채집이 생각났다. 나비, 매미, 잠자리 등을 잡기 위해 산과 계곡을 돌아다니다가 가시에 찔리고, 물에 빠지고, 논두렁 밭두렁을 헤매다가 넘어져 옷이 찢어지고 무릎을 다쳤던 기억이 엊그제 일처럼 떠올랐다.

지금 우리 아이들도 채집은 안 하더라도 내가 사는 주변의 생태를 관찰하고 탐구하는 시간은 가져보아야 한다. 그래야 생명의 신비와 다양한 동식물이 왜 서로 상생하고 공존해야 하는가를 은연중에 깨닫게 된다. 생물 도감을 들고 산과 들, 강과 계곡, 습지와 늪, 다양한 생태 공원과 수목원 등으로 생태 여행을 떠나보자.

어떻게 살 것인가

아는 학생이 카톡으로 자신의 심경을 몇 차례 보냈다. 어디에 있든 재미가 없고 공부도 하기 싫다고 했다. 답답하고 우울할 땐 게임에 몰두하기도 하지만, 이것 역시 곧 시들해진다고 했다. 죽고 싶다는 생각을 많이 한다고 했다. 학생과 엄마를 함께 만났다. 학생은 역사학자가 되고 싶다고 했다. 서가에서 마르크 블로크의 『역사를 위한 변명』을 뽑아 예전에 내가 읽으면서 줄 친 부분들을 같이 보며 이야기를 나눴다.

20세기의 가장 위대한 역사학자 가운데 한 사람인 프랑스의 마르크 블로크는 독일의 침공으로 붕괴하는 프랑스를 경악하며 지켜보았다. 그는 레지스탕스 활동을 하기에는 나이가 많아 메시지나 신문을 배달하는 하찮은 임무부터 시작했지만, 후에는 그룹 대장으로 진급하여 부하들에게 엄청난 영감을 주는 지도자가 되었다. 그는 리옹 교외에 사무실을 설치하고 연합군의 메시지를 해독하거나 암호로 만들어 리옹 시가지에 있는 요원들에게 전달하는 일 등을 감독했다. 1944년 3월 그는 비시

정부의 친독 의용대에 체포되어 게슈타포에 넘겨져 혹독한 고문과 심문을 받았다. 1944년 6월16일 게슈타포는 독일에 저항한 26명의 투사들을 생 디디에 드 포르망이라는 작은 마을 외곽 공터로 데려가 총살했다. 그들 중 두 명은 등에 총알을 맞고도 기적적으로 살아남아 죽은 자들의 마지막 모습을 생생하게 전해주었다.

가장 놀라운 증언은 최연장자인 58세 마르크 블로크와 최연소 16세 어린 대원의 대화와 처형 광경이다. 마르크 블로크는 반복적인 고문으로 초췌한 모습이었지만 위엄과 기품을 유지하고 있었다. 총살 집행 병사가 방아쇠를 당기려는 순간 어린 소년이 두려움에 떨며 "총에 맞으면 아프겠지요?"라고 말했다. "아니, 애야 아프지 않단다." 그는 소년을 안심시켰다. 그리고 팔을 뻗어 소년의 손을 감싸 쥐었다. 기관총 총성이 울리는 순간 그는 "프랑스 만세!"라고 외치며 쓰러졌다. 마르크 블로크, 그는 행동하는 역사학자였다.

줄 친 부분을 함께 읽으면서 내내 눈물 나는 후 말없이 학생을 바라보았다. 학생은 눈물을 글썽이며 "엄마, 내가 잘못했어요. 선생님, 죄송합니다."라고 말했다. 나는 죽음에도 여러 유형이 있다는 사실을 설명했다. 힘든 선택 앞에서 비굴하게 타협하지 않고 당당한 최후를 선택한 소크라테스의 죽음에 관해서도 이야기했다. 우리가 인간으로 세상에 태어난 것은 엄청난 축복이고, 자신의 열정과 에너지를 의미 있고 가치 있는 일에 바쳐야 하며, 삶을 마무리할 때 멋지게 죽어야 한다고 했다. 헤어질 때 마르크 블로크의 『역사를 위한 변명』을 학생에게 주면서 좀 어렵겠지만 정독해 보라고 했다. 젊은이도 간혹 삶과 죽음의 문제를 깊게 사색하면서 '어떻게 살 것인가?'와 '어떻게 죽을 것인가?'를 진지하게 성찰하면 새로운 힘과 의욕이 생겨날 것이다.

최고가 되려면

「치고이너바이젠」은 스페인의 전설적인 바이올리니스트 파블로 데 사라사테가 34세에 작곡한 명곡이다. 이 곡은 연주법상의 기교를 총망라한 난곡 중의 난곡이어서 그 당시에는 사라사테만 연주할 수 있었다고 한다. 연주가와 작곡가로 명성을 얻었을 때 사람들은 그를 천재라고 불렀지만, 그는 이렇게 말했다. "난 37년간 하루도 빠짐없이 14시간씩 연습했습니다. 이렇게 연습하면 보통 사람도 천재가 되지 않을까요."

'첼로의 성자'라 불리는 스페인 출신의 파블로 카잘스는 세상을 떠나기 직전까지 바흐의 무반주 첼로 모음곡을 연습하며 자신을 가다듬었다. 만년에 어느 기자가 물었다. "선생님의 연주는 이미 완벽한데, 왜 힘들게 계속 연습하는가요?" 카잘스는 이렇게 답했다. "95세인 지금도 연습하고 나면 조금 더 나아졌다는 걸 느끼기 때문입니다." 가야금 명인 황병기 선생은 "연주야말로 음악의 꽃이며 정직한 육체 행위다. 연주자가 된다는 것은 연습의 연속에 살아야 한다는 뜻이다. 나는 고교·대학 시절은 물론이고 지금까지 하루도 거르지 않고 가야금 연습을 해 왔다."라고 했다.

　　작곡가 이고리 스트라빈스키는 "영감이라는 것이 따로 있다고 생각하지 않는다. 일하다 보면 영감이 떠오르는 것이다. 물론 처음에는 잘 모를 수 있다."라고 했다. 그는 긴 세월 동안 적어도 하루 열 시간은 일했다고 한다. 「황무지」의 시인 T.S. 엘리엇도 남에게 뒤처질까 두려워 하루 열 시간 이상 읽고 썼다고 한다. 어니스트 헤밍웨이는 「노인과 바다」를 200번이나 고쳤다고 한다. 왜 그렇게 고쳤는지 물었을 때 "더 적합한 단어를 찾으려고요."라고 답했다. 러시아의 문호 투르게네프는 작품이 완성되면 일단 서랍 속에 넣어두고 3개월에 한 번씩 고쳐 썼다고 한다. 소동파의 「적벽부」를 보고 감탄한 친구가 이 글을 쓰는 데 얼마나 걸렸느냐고 물었다. 그가 앉은자리의 불룩한 부분을 들쳐 보여줬는데 퇴고한 원고 뭉치가 그렇게 쌓여 있었다.

　　연습량만 많다고 원하는 경지에 오를 수 있는 것은 아니다. 이스라엘 태생의 바이올리니스트 이작 펄먼이 전성기 때 기자가 질문했다. "선생님이 오늘의 경지에 이른 비결이 무엇인지 좀 설명해 주십시오." "연습입니다. 천재의 99%는 연습에서 나옵니다."라며 "아무리 노력해도 기량이 향상되지 않는 학생들은 어려운 부분을 대충 연습하고 빨리 넘어가는 경향이 있습니다. 어려운 부분일수록 박자를 지키며 천천히 연습해야 합니다. 처음에 정확하게 연습하지 않으면 늘 그 부분에서 틀리게 됩니다."라고 덧붙였다. 공부도 마찬가지다. 진도 빨리 나간다고 성적이 올라가는 것은 아니다. 선행학습의 역기능을 생각해 보아야 한다.

양과 질이 조화를 이룰 때 최고의 경지에 이르게 된다. 빨리, 많이 보다는 제대로, 정확하게, 천천히 다지며 공부하는 습관이 중요하다.

옛사람의 찌꺼기

"엄마 아빠 시절 이야기로 자꾸 윽박지르며 저더러 반성하고 분발하라고 합니다. 부모님 시절에 들어맞던 이야기가 지금은 맞지 않을 수도 있지 않습니까? 입시제도나 공부 방법이 과거와는 다른데 자꾸 옛날이야기만 하시니 답답합니다. 우리에겐 우리끼리 통하는 학습법이 있습니다. 이제 어른들 말은 아예 듣고 싶지 않을 때가 많습니다." 어느 고교생의 말이다.

중국 춘추전국시대 제나라 환공이 책을 읽고 있는데 수레바퀴를 깎고 있던 목수 윤편이 하던 일을 멈추고 대청으로 올라와 질문했다. "읽고 계시는 책에는 어떤 내용이 들어 있나요?" "성인의 말씀이다." "그 성인은 살아 계신지요?" "아니, 돌아가셨다." "그렇다면 전하께서 읽고 계시는 것은 옛사람의 찌꺼기와 껍데기에 불과합니다." "과인이 책을 읽고 있는데 바퀴 깎는 목수가 감히 그런 소리를 하느냐? 내가 납득하도록 설명하면 살려줄 것이고 그렇지 못하면 너를 죽이겠다." 윤편이 해명했다. "소인은 그저 오랜 경험에서 그런 생각을 했을 따름입니다. 수레바퀴를 깎는데 헐거우면 수월하나 단단하지 못하고, 빡빡하면 힘이 들어 들어가지 않습니다. 헐겁지도 빡빡하지도 않게 하려면 손에서 얻고 마음에 응하는 바가 있어야 합니다. 입으로는 능히 말할 수 없는 수치가 그 사이에 있는 것입니다. 소인은 이를 자식 놈에게 깨우쳐 주지 못했고, 자식 또한 이를 소인에게서 물려받지 못했습니다. 그 때문에 나이가 일흔이 된 늘그막에도 여전히 수레바퀴를 깎습니다. 옛사람도 중요한 것은 전하지 못하고 죽었을 것입니다. 그럴진대 전하께서 읽으시는 책도 옛사람의 찌꺼기일 것입니다."『장자』의「천도」편에 나오는 이야기다.

옛날이야기나 책 속에서 말하는 내용은 그 시대를 살았던 사람이 남긴 '경험의 흔적', '찌꺼기'일 따름이다. 무엇을 맹목적으로 믿거나 받아들이라고 강요해서는 안 되며, 받아들여서도 안 된다. 부모님은 학창 시절 이야기를 들려주면서 우리 시절엔 이런 방법이 좋았으니 참고해 보라고만 해야 한다. 책을 권할 때도 그 내용을 무조건 따르고 실천하라고 해서는 안 된다. 읽고 참고할 만한 내용이 많다는 정도에서 그쳐야 한다. 저자의 주장이나 생각이 나와 비슷할 수 있지만, 그는 나와는 다른 환경에서 그 책을 썼다. 책을 읽는다는 것은 저자에게 굴복하여 끌려 들어가는 것이 아니다. 전개되는 이야기에 감정 이입하여 울고 웃으며 공감할 수는 있지만, 궁극에는 그 책을 참고하여 나에게 맞는 것을 찾아야 한다. 정말 중요한 것은 활자가 아닌 보이지 않는 행간에 있을 가능성이 크다. 남의 것을 별 생각 없이 모방하고 암기하던 시대는 지났다. 부모와 자녀는 서로 다른 상황에서 살고 있다. 많이 듣고 읽으며 열심히 공부해야 하겠지만, 진정한 경쟁력은 섬세한 감성, 상상력과 창의력이라는 점을 늘 기억해야 한다.

시간 관리

 버스를 기다리거나 물량이 제한된 물건을 사기 위해 길게 줄을 서 있을 때, 시간은 실제보다 느리게 흐른다고 느낀다. 반면 매우 즐거운 일에 몰입해 있을 때는 시간이 순식간에 지나가는 것처럼 느껴진다. 시간이란 무엇인가? 몇몇 과학자들의 주장을 살펴보자. 뉴턴의 시간은 공간과 더불어 언제 어디서나 변하지 않는 항상 균일하게 흘러가는 실체였다. 칸트에게 시간은 실체가 아닌 관념일 뿐이고, 공간과 시간은 인간이 가진 감성의 형식적 조건에 지나지 않았다. 뉴턴의 고전 물리학적 관점에 따르면 모든 위치에 있는 시계는 똑같은 시간으로 맞출 수 있을 뿐만 아니라 모두 일정하게 흘러간다.

 아인슈타인의 특수 상대성 이론은 뉴턴의 주장을 부정한다. 그는 광속 불변의 원리에 따라 '빛 시계'를 가정하면 움직이는 물체 안에서 시간은 느리게 간다고 주장했다. 이 사실은 후에 증명되었다. '빛 시계'는 일정한 거리를 위아래로 한 번 왕복하고 돌아오면 1초가 걸리는 시계다. 이 시계를 움직이는 기차 안에 두면, 이 빛이 이동하는 거리는 기차 밖에 있는 빛 시계의 빛이 이동하는 거리보다 길어지게 된다. 빛은 언제나 같은 속도로 움직이기 때문에 결론적으로 기차 안의 시간은 느리게 가게 되는 것이다. 이러한 시간 지연 효과는 시간이란 어디서나 누구에게나 일정한 속도로 흘러간다는 기존의 관념을 통째로 뒤엎는 것이었다. 시간은 속도와 움직임이 다른 개체들에 모두 다르게 흘러가며, 누구에게나 동일하게 흘러가는 시계란 처음부터 존재하지 않게 되는 것이다.

현실적 삶에서도 시간은 사람에 따라 그 길이가 달라진다고 할 수 있다. 어떤 사람은 하루를 일주일보다 길게 활용하고 또 어떤 사람은 일주일을 한 시간처럼 낭비해 버린다. 영국 빅토리아 시대의 상징적인 인물로 총리를 네 번이나 역임한 윌리엄 글래드스턴은 시간을 낭비하지 않은 사람으로 유명하다. 그는 열다섯 살에 시작하여 백내장으로 실명한 여든다섯 살까지 일기를 썼다. 그는 일과를 15분 단위로 나누어 기록했다고 한다. 그는 일기장을 가장 귀중한 선물인 시간의 회계장부로 활용했다는 것이다. 공병우 박사는 글래드스턴 총리의 성공 비결은 15분 단위로 기록한 '시간 가계부'였다고 말한다.

미화 100달러 지폐의 주인공인 벤저민 프랭클린이 서점에서 일할 때 어느 손님이 그에게 책값을 묻자, 5달러라고 답했다. 손님은 책을 사지 않고 나갔다가 잠시 후 다시 들어와 그 책값이 얼마냐고 물었다. 6달러라고 했다. 손님이 왜 6달러냐고 묻자 자신이 책 읽는 귀중한 시간을 빼앗았기 때문이라며 "Time is money"라고 말했다. 승자는 시간을 관리하며 살고, 패자는 시간에 끌려다닌다는 말이 있다. 젊은 날 효율적인 시간 관리법을 터득해야 한다. 학창 시절은 두 번 다시 돌아오지 않는다.

나비와 가을

나는 우리 집 작은 꽃밭을 좋아한다. 그날도 습관처럼 눈뜨자마자 마당으로 나갔다. 꽃댕강과 세이지가 매혹적인 향기로 다가왔다. 이른 아침인데 배추흰나비 한 마리가 잔디에 앉아 있었다. 한참 보다가 죽었다는 사실을 알았다. 나는 나비의 암수를 구별할 수 있다. 암컷이었다. 비닐장갑을 꼈다. 날개가 부서지지 않게 조심조심 나비를 손바닥에 올렸다. 바람처럼 가벼웠다. 활짝 핀 바늘꽃 아래 나비를 묻었다. 마침 한 줄기 바람이 불어왔다. 감나무 잎들이 나지막한 목소리로 서걱였다. 나비의 영면을 기원하는 진혼곡 같았다. 쪼그리고 앉았다 일어서니 머리가 핑 돌며 어지러웠다. 나비의 죽음이 준 현기증이었다. 갑자기 레오나르도 다빈치의 말이 떠올랐다. "땅에 내려앉는 작은 새 한 마리의 무게로 지구는 움직인다." 그래 저 나비가 지난여름과 나를 떠받치고 있었구나.

다빈치는 가장 미세한 것에서도 우주를 발견하는 예술가이자 과학자였다. 그의 노트는 난삽하기 그지없다. 얼핏 보면 전혀 앞뒤가 연결되지 않는 낙서장 같다. 그는 메모할 때, 줄을 맞춰 쓰는 선형적 방식을 거부했다. 그는 머릿속에 떠오르는 것을 복잡하게 헝클어진 비선형적 방식으로 기록했다. 그는 무질서와 혼란, 혼돈(chaos)을 숙성하여 논리적이고 질서정연한 (cosmos) 과학과 아름다운 예술작품을 창조했다. 그는 섬세한 예술가의 감성과 예리한 과학자의 눈으로 자연을 탐구하고 관찰했다. 그는 대상의 내적 구조뿐만 아니라 전체적인 분위기를 동시에 파악하는 입체적 사고가 가능한 사람이었다. 그는 "사람들은 눈이 있으나 보지 못하고, 귀가 있으나 듣지 못하고, 감정 없이 만지려 하고, 미각의 취함 없이 먹으려 하고, 향기를 깨닫지 못하면서 숨을 쉰다."라며 감각 훈련의 필요성을 강조했다. 그는 섬세한 감성과 오감, 치밀한 관찰과 사색으로 독창적인 것을 창조하는 크로스오버형 천재였다.

건물 옥상에서 돌을 던지면 어디쯤 떨어질지 알 수 있다. 낙엽을 떨어뜨리면 어디로 갈지 모른다. 세상 많은 것들은 결과를 예측하기 어렵다. 기상학자 에드워드 로렌츠는 우리 집 마당에 있는 나비의 작은 날갯짓이 태평양 한복판에서 태풍을 일으킬 수 있다고 했다. '나비효과'란 아주 작고 미세한 변화가 자연현상이나 세상을 크게 바꿀 수 있다는 말이다. 윤동주 시인처럼 잎새에 이는 바람에도 괴로워할 줄 아는 사람이 남이 느끼지 못하는 것을 느낄 수 있다.

작고 사소한 것을 놓치지 않는 사람이 사물과 사물, 사람과 사람 사이의 끊어진 다리를 연결할 수 있고, 높다란 장벽을 허물 수 있다. 우리는 너무 크고 거창한 것에만 관심을 가진다. 가장 작은 것이 모든 것의 출발점이 된다. 꽃밭을 노닐던 나비의 죽음으로 여름은 끝이 났고, 나비의 마지막 날갯짓이 저 하늘을 더 높고, 깊고, 푸르게 만들었다. 가을은 그냥 오지 않았다.

겨울비를 바라보며

　연중 가장 추위야 하는 소한(小寒) 날 눈 대신 비가 내렸다. 봄비 같은 겨울비를 바라보며 슈베르트의 가곡 「보리수」를 들었다. 슈베르트는 독일 낭만파 시인 빌헬름 뮐러의 시집 『겨울 나그네』의 2부 24편 시에 곡을 붙였다. 「보리수」는 그중 5번이다. 마른 풀잎을 적시는 비를 바라보며 「보리수」를 다시 읽는다. "보리수 껍질에다/ 사랑의 말 새겨 넣고/ 기쁠 때나 슬플 때나/ 언제나 그곳을 찾았네/ 나 오늘 이 깊은 밤에도/ 그곳을 지나지 않을 수 없었네" 이 구절에 이르면 까닭도 없이 허무하여 어디론가 멀리 떠나고 싶던 문학청년 시절이 떠오른다. 사랑, 방랑, 자아 상실 등의 심리 상태를 소박하고 단순한 언어로 형상화한 시편들, 그 시들이 가슴 깊이 파고들어 영혼에 울림을 줄 수 있도록 곡을 붙인 슈베르트, 두 예술가의 삶과 작품은 우리에게 깊은 감동을 준다.
　하염없이 내리는 겨울비를 바라보며 서른셋에 세상을 떠난 뮐러와 서른한 살의 나이로 요절한 슈베르트의 생애와 예술을 생각한다. 다른 한편으로 우리를 심란하고 불안하게 하는 남북문제, 이상 난동과 산불 같은 생태계 위기, 우크라이나와 러시아 전쟁 등을 바라보며 '우리 시대 젊은이들이 이 험로를 어떻게 헤쳐 나가야 하나'에 관해 걱정하게 된다. 영국의 정치가 필립 체스터필드가 아들에게 보낸 편지를 읽어본다. "지금, 이 순간은 평생 두 번 다시 만날 수 없는 시간이다. 지금, 이 순간을 어떻게 살아가는가 하는 것이 너의 인생을 결정한다. 한번 흘러간 시간은 다시 오지 않는다. 지금 얻어야 할 것은 지금 얻어라. 나중에는 늦다." 삼십 대 초반에 요절한 시인과 작곡가는 자기에게 주어진 시간에 최선을 다해 시를 썼고 작곡했을 것이다. 그 짧은 생애에 폭발적인 집중력으로 최선을 다하지 않았다면 그런 시와 곡이 남았겠는가. 이 세상을 그냥 정처 없이 표랑하며 운명과 시간에 모든 것을 맡길 수도 있었겠지만, 두 예술가는 슬프고 허망한 삶 속에서도 모든 에너지를 창작에 쏟아부었다.

『겨울 나그네』를 읽고 들으며 우리 모두 좀 더 열린 마음으로 살면 좋겠다고 생각해 본다. 철학자 카를 포퍼는 『열린사회와 그 적들』에서 더 나은 사회를 만들기 위해서는 혁명과 같은 급진적인 수단에 의존해서는 안 되며, 자유로운 비판과 토론을 통해 점진적으로 개선해야 한다고 했다. 사회만 그렇겠는가. 개인의 삶과 가정도 마찬가지다. 열린 생각이란 자신이 믿는 사실이나 신념이 틀릴 수도 있다는 자세로 생각하는 것이다.

감, 대추, 무화과

어머니는 살아생전 꽃 가꾸기를 좋아하셨다. 도시 출신인 아내는 꽃과 채소 키우는 법을 시어머니로부터 처음 배웠다. 한창 바쁘게 살아야 했던 시절엔 어쩔 수 없이 아파트에 살았다. 부모님이 돌아가시고 아이들도 집을 떠나자, 아내의 채근으로 조그마한 마당이 있는 집으로 이사했다. 아내의 부지런한 손 발품 덕에 마당에는 사철 내내 갖가지 꽃이 피고 진다. 도시에서 나비와 벌, 박각시나방, 딱새, 박새 등과 함께하는 호사도 누린다.

나는 꽃뿐만 아니라 과일나무도 좋아한다. 아내는 무화과나무를 심었고, 둘째 형님께서는 감나무와 대추나무를 심어주셨다. 매년 8월에는 아침마다 무화과 따는 일로 나의 하루가 시작된다. 무화과는 수확이 많아 이웃과 나누거나 잼으로 만든다. 어린 감나무엔 두세 개만 끝까지 남기 때문에 까치밥으로 그냥 둔다. 사과대추는 크고 달아서 정말 좋다. 유실수를 편애하는 나더러 아내는 먹는 것만 좋아한다며 놀린다. 나는 시골에서 가난하게 자라서 먹는 것만 밝힐 수밖에 없다며 태연히 응수한다. 그렇다. 감, 대추, 무화과는 유년의 허기를 달래준 생명의 과일이다.

추석 며칠 전 집안의 장손인 오촌 조카가 한가위 날 성묘 참석 여부를 묻는 전화를 했다. 추석날 아침 잘 익은 무화과를 땄다. 발을 딛고 올라선 의자를 아내가 꼭 잡고 있는 동안 대추도 땄다. 올해는 장마가 길어 대추는 지난해 반의반도 안 남았다. 아내는 산에서 바로 먹을 수 있도록 무화과와 대추를 깨끗이 씻고 닦아 종이 상자에 정갈하게 담았다. 조금 일찍 산에 도착해 부모님과 윗대 묘소를 둘러보았다. 나는 스무 명이 넘는 사촌 중에서 막내다. 오촌 조카들이 나보다 나이가 많거나 동년배라 서로 친구처럼 지낸다. 산이 높지 않아 아흔을 바라보는 사촌 형님과 형수도 올라오셨다. 오촌 조카들도 장성한 아들딸들을 데리고 도착했다. 성묘를 마치고 음복했다. 대추와 무화과가 단연 인기였다.

대추는 다산의 상징이어서 고향 동네 집마다 한두 그루는 있었다. 대추가 많이 열리기를 소망하며 가지 사이에 돌을 끼워 넣는 '대추나무 시집보내기'에 관한 이야기를 해주니 아이들이 재미있다는 듯 귀를 쫑긋했다. 혼례식 폐백 때 아들딸 많이 낳으라고 부모가 대추와 밤을 신부에게 던져주는 이야기도 해 주었다. 무화과도 지중해 연안에서는 풍요와 다산의 상징이라는 설명에 진지하게 귀를 내주었다. 오촌 조카의 아들딸들에게 내 시집을 나누어주며 촌수를 가르치기 위해 '경자년, 한가위, 재종조부가'라고 써 주었다. 할아버지의 사촌이 '재종조부'라는 설명도 곁들였다. 졸참나무에서 툭툭 떨어지는 도토리를 주워 묵 만드는 법도 가르쳐 주었다. 이런 세시 풍습도 조만간 사라지리라. 유난히 깊고 푸른 하늘 때문인지 갑자기 눈이 시려 눈물이 나왔다.

사전 찾아보기

　잘 아는 선배님이 아들과 며느리, 손자와 함께 우리 집을 방문했다. 학습과 진로 문제를 이야기하기 위해서였다. 할아버지는 아들 식구를 소개해 주고는 자리를 뜨려고 했다. 나는 할아버지도 같이 이야기하는 것이 좋겠다고 말했다. 평소 열린 마음으로 후배들을 잘 챙겨 주고 아랫사람의 말을 경청하는 분이라 나의 이야기에 선뜻 동의했다. 삼대가 같이 앉아 오늘의 세계와 우리가 살아갈 미래에 관해 이야기를 나누었다. 공부하는 방법을 두고 토론하면서 우리는 사전 활용의 중요성을 같이 생각해 보는 시간을 가졌다.

　요즘 학생들은 사전을 잘 활용하지 않는다. 종이 사전을 가지고 다니는 학생도 많지 않다. 급하면 휴대전화기로 검색한다. 영어 단어장이나 국어 낱말 노트를 가지고 있는 학생도 드물다. 영어의 경우 시청각 기자재의 도움으로 듣기는 아날로그 세대보다 훨씬 낫다. 반면에 어휘 실력이나 어려운 문장 독해력은 과거 세대보다 떨어진다. 우리는 영어 사전에서 다양한 예문을 찾아 암기하는 것이 얼마나 중요한가에 관해 이야기했다. 예나 지금이나 외국어는 좋은 문장을 많이 암기해야 한다는 점에 대해서도 견해를 같이했다. 교과서를 통째 암기하던 앞세대의 학습법이 지금도 여전히 유용하다는 데도 동의했다.

국어사전 활용의 중요성을 설명하면서 학생에게 지금 이 시기를 '조락의 가을'이라고 하는데 '조락'이 무슨 뜻인지 아느냐고 물었다. 학생은 고개를 저었다. 나는 준비한 사전을 펼쳐 '조락'을 찾았다. 괄호 안에는 '시들 조(凋), 떨어질 락(落)'이라고 한자의 훈(訓)과 음(音)이 적혀 있었다. '조락'은 '잎이 시들어 떨어짐'이라는 뜻이고, 여기에서 '차차 쇠하여 보잘것없이 됨'이란 뜻으로 의미가 확장된다는 것도 설명했다. 학생은 고개를 끄덕였다. 국어사전에 수록된 낱말의 70% 정도가 한자어다. 그러므로 한자의 훈과 음을 알면 낱말의 뜻을 더욱 정확하게 알 수 있고, 동음이의어도 더 쉽게 이해할 수 있다. 그렇다고 한자 병용이나 혼용을 주장하고 싶지는 않다. 한자어를 한자로 쓸 줄 몰라도 괜찮다. 한자어를 만날 때 가능하다면 사전을 찾아 그 한자의 훈과 음을 확인하는 습관을 들이자는 것이다. 이 점에 대해서는 모두가 전적으로 견해를 같이했다.

그날 우리는 어휘를 정확하게 아는 것과 문장 이해력이 공부에 얼마나 중요한가를 토론했다. 국어 읽기가 안 되면 영어, 사회, 과학, 수학 등 모든 과목 공부에 지장을 받을 수 있다는 점도 강조했다. 모든 학문은 정확한 '용어 정의(term definition)'

에서 출발한다. 개념을 설명하는 용어를 정확하게 알아야 내용 파악을 제대로 할 수 있다. 우리는 국어사전, 영한사전, 옥편, 고사성어 사전 등 각종 사전을 책상 위에 두고 항상 찾아보는 습관을 들여야 한다. 너무 쉽게 공부하려고 해서는 안 된다. 학생에게 한자어에 훈과 음을 적어 놓은 사전을 선물했다. 사전을 받는 학생의 눈이 환하게 빛났다.

스토리텔링의 힘

「셰에라자드」는 림스키코르사코프가 작곡한 관현악 모음곡이다. 이 곡은 이국적이면서도 관능적인 오리엔트 정취와 단순하면서도 호소력 있는 선율로 클래식 애호가들의 사랑을 받고 있다. 「셰에라자드」 하면 피겨 스케이트를 예술로 승화시킨 은반의 여왕 김연아가 떠오른다는 사람이 많다. 2009년 세계피겨선수권 대회 프리스케이팅에서 18세의 김연아는 「셰에라자드」에 맞춰 연기했다. 역대 여자 싱글 사상 최초로 200점을 돌파했다. 해설자들은 음악과 완벽하게 조화를 이룬 연기는 새로운 여왕의 등극을 알리는 대관식이었다고 평가했다. 피겨스케이트는 역설의 스포츠라고 한다. 차가운 얼음판 위의 뜨거운 몸짓, 수평과 수직의 팽팽한 견제, 중력과 관성의 극복과 활용이 필요한 스포츠기 때문이다. 「셰에라자드」는 김연아와 함께 무수한 이야기를 만들어 냈다.

셰에라자드는 최고의 이야기꾼(storyteller)이었다. 그녀가 이야기를 펼치는 무대는 『아라비안나이트(천일야화)』이다. 『천일야화』의 배경은 사산 왕조 페르시아 제국이다. 8세기에 아랍어로 번역되면서 바그다드, 카이로 등지에서 이야기가 추가되고 다듬어지면서 오늘의 『천일야화』가 만들어졌다. 샤흐리야르 왕은 왕비가 흑인 노예와 부정한 짓을 저지르는 장면을 목격했다. 왕은 여성 증오심 때문에 매일 밤 새로운 처녀와 동침하고는 다음 날 아침 잔인하게 죽이는 일을 되풀이했다. 어느 날 재상의 아름다운 딸 셰에라자드가 나타났다. 그녀는 1천 1일 동안 밤마다 흥미진진한 이야기로 왕을 유혹했다. 그녀의 이야기에 감탄한 왕은 그녀를 살려주기로 했다. 그녀는 왕의 아이를 낳으며 왕비의 지위에까지 올랐다. 스토리텔링 재주가 자신뿐만 아니라 다른 처녀들의 목숨도 구한 것이다.

　　셰에라자드의 스토리텔링 능력은 어디에서 나온 것일까. 천일(千日) 동안 이어진 이야기의 소재는 실로 다양하다. 그녀는 폭넓은 독서가였고 자료 수집과 정리에 탁월한 능력을 갖추고 있었다. 그녀는 역사와 문화사, 신화와 전설, 민담과 우화, 철학, 과학, 예술 등 모든 분야를 열심히 공부했다고 한다. 박학다식한 백과사전적 지식이 이야기를 생산하는 원천이었다. 많이 안다고 좋은 이야기를 지어내는 것은 아니다. 단 하루라도 이야기가 지루했다면 목숨이 위태로웠을 것이다. 우리는 그녀가 시를 좋아했고 수많은 시를 암기했다는 사실에 주목해야 한다. 시적 표현은 상징과 함축을 중시한다. 좋은 이야기는 짧고 간결해야 한다. 어느 대목에서는 듣는 사람을 긴장하게 만들어야 하며, 호기심을 자극하면서 상상력을 발휘하게 해야 한다. 그녀는 탁월한 스토리텔러의 자질을 모두 갖추고 있었던 셈이다.

표현력과 스토리텔링 능력은 어떤 일에 종사하든 강력한 생존 수단이자 경쟁력이 될 것이다. 좋은 스토리텔러가 되기 위해서는 젊은 날 많이 읽고 써 보는 훈련을 해야 한다.